Frédérique Basset

52 balades en famille en Ile-de-France

Tome 1

Vincennes, Marne-la-Vallée, Meaux,
La Ferté-sous-Jouarre

Didier Richard

L'auteur tient à remercier Didier Ledeuil pour l'aide précieuse qu'il a apportée à la réalisation de ce guide

Nous avons apporté le plus grand soin à l'élaboration de cet ouvrage en nous efforçant de fournir des informations objectives, complètes et actualisées. L'éditeur et l'auteur ne sauraient être tenus pour responsables dans l'hypothèse d'un accident sur les itinéraires et tracés suggérés dans cet ouvrage, et ce, quelles qu'en soient les causes.

Les éditions Didier Richard seraient reconnaissantes aux utilisateurs de ce guide de leur faire part de toute remarque ou suggestion susceptible d'améliorer leurs publications.

Collection dirigée par Eric Merlen
Conception graphique de la collection : Thomas Lemot
Photo de couverture : Eric Merlen

© Editions Didier Richard, 1998
2 allée de l'Atrium - 38640 Claix - Tél. 04 76 99 20 20
Dépôt légal : 1998 - ISBN : 2-7038-0227-7

Le présent volume a été composé, reproduit et achevé d'imprimer sur les presses de l'imprimerie Sézanne à Bron (69)

Sommaire

Plan de situation des balades	4
Promenons-nous entre ces pages	6
Quelques conseils	6
Lecture du guide	7
Légende des dessins des 52 balades	10
Reconnaître les arbres	13
Classement des balades	126

Les petites traces vertes

A partir de Vincennes
1 - Autour du lac Daumesnil	17
2 - Le bois de Vaires	19
3 - Le parc du Tremblay	21
4 - Le parc du Morbras	23
5 - La forêt du Plessis Saint-Antoine	25
6 - Le bois de Vincennes : le poumon vert de Paris	27
7 - De Champigny à la Varenne	29
8 - La forêt Notre-Dame par les Friches	31
9 - Les guinguettes de Nogent-sur-Marne à Joinville	33
10 - Le domaine des Marmousets	35

A partir de Marne-la-Vallée
11 - Le château de Ferrières	39
12 - Le parc de Noisiel	41
13 - La boucle de Noisiel	43
14 - Les bords de Marne à Lagny	45
15 - Le pays briard à Morcerf	47
16 - Le chêne Saint-Jean de la forêt de Ferrières	49
17 - La Sablonnière de la forêt de Ferrières	51
18 - La forêt d'Armainvilliers	53
19 - La forêt de Crécy	55

A partir de Meaux
20 - Sur le plateau briard à Montceaux-les-Meaux	59
21 - Les canaux d'Esbly	61
22 - La Dhuys à Nanteuil-les-Meaux	63
23 - Le Grand Morin à Couilly Pont-aux-Dames	65
24 - Meaux : entre ville et canal de l'Ourcq	67
25 - Crécy-la-Chapelle : la Venise de la Brie	69
26 - Fublaines et l'aqueduc de la Dhuys	71
27 - Le canal de l'Ourcq à Varreddes	73
28 - La forêt de Montceaux	75

A partir de La Ferté-sous-Jouarre
29 - Chézy entre Marne et Dolloir	79
30 - Sur la trace des écrivains de Saint-Cyr-sur-Morin	81
31 - L'Albine à Montreuil-aux-Lions	83
32 - La vallée de la Marne vue de Crouttes	85
33 - Bonneil en Champagne	87
34 - Coulommiers et le parc des Capucins	89
35 - Les jardins fleuris de Viels Maisons	91
36 - L'abbaye de Jouarre	93
37 - Sablonnières : entre pâturages et vergers	95
38 - Les vergers de pommes de Villeneuve-sur-Bellot	97
39 - La forêt de Choqueuse	99
40 - Orly-sur-Morin : la vallée du Petit Morin	101
41 - Bellot : le chemin des tocards	103
42 - Le Morin à Pommeuse	105
43 - Mauperthuis le pays de l'Aubetin	107
44 - La Marne à Sainte-Aulde	109
45 - Le Monument américain de Château-Thierry	111
46 - La boucle de Chamigny	113
47 - Saâcy-sur-Marne entre vallée et aqueduc	115
48 - La Ferté-sous-Jouarre entre Brie et Orxois	117
49 - Autour de Jouy-sur-Morin	119
50 - La boucle de Boissy-le-Châtel	121
51 - Les sentes de Château-Thierry	123
52 - La forêt de Malvoisine	125

Promenons-nous... entre ces pages

Pas besoin de faire des kilomètres pour trouver un peu d'air pur et de verdure. A peine sorti de Paris, vous êtes à la campagne. Si vous n'osez pas vous aventurer en pleine nature, commencez par quelques balades dans les poumons verts qui bordent la capitale : bois de Vincennes, parcs du Tremblay ou du Morbras... Des aires de jeux pour les enfants et des aménagements sportifs vous feront oublier la proximité de la ville.

Mais si vous voulez sortir des chemins battus et découvrir une surprenante variété de paysages, prenez les sentiers qui serpentent au milieu des pâturages et des vergers. Il y en a pour tous les goûts : forêts, bois, coteaux, plaines, vallons !

Les amateurs de grands espaces seront comblés par les plaines de la Brie. Si vous préférez marcher à l'ombre des forêts, vous aurez le choix entre les massifs forestiers de Ferrières, Notre-Dame, Armainvilliers, Crécy, Choqueuse ou Malvoisine. L'est parisien palpite aussi au rythme de l'eau sur les bords de Marne ou du canal de l'Ourcq, au fil du Petit Morin et du Grand Morin.

La région recèle encore un patrimoine insoupçonné qui ponctue nombre de balades : châteaux (Ferrières, Champs-sur-Marne...), églises romanes et gothiques, calvaires, lavoirs, petits ponts de pierre...

Reste l'imprévu : un couple de hérons qui s'envolent, un renard qui fuit à votre approche, un chevreuil surpris au détour d'une allée forestière, des écureuils qui vous narguent du haut de leurs branches... Et le hasard des rencontres où l'on prend le temps d'échanger quelques mots.

Quelques conseils

Toutes les balades qui vous sont proposées n'offrent pas de difficultés particulières. Toutefois, certaines empruntent les bords de Marne et sont donc impraticables en période de crue.

Les temps indiqués pour chaque itinéraire ne correspondent qu'à une moyenne. Aussi, tenez compte de votre forme physique et surtout des possibilités des enfants qui vous accompagnent.

Nous vous recommandons d'autre part une extrême prudence lors des traversées de certaines routes, très fréquentées en région parisienne. Et soyez vigilant lorsque vous vous promenez le long des canaux et des rivières.

Enfin n'oubliez pas de préserver la nature. C'est tellement plus agréable de se balader sur des chemins propres !

Emmenez de l'eau et des biscuits pour les enfants. Ils ont vite soit et faim.
Evitez les départs trop tardifs ; en hiver les jours sont courts et la nuit tombe vite.
Evitez les chaussures lisses et les espadrilles et prenez garde au soleil en été.
En Ile-de-France, le soleil tape fort aussi.
Cueillez les fleurs, fruits rouges ou champignons avec modération.

Lecture du guide

Pour bien choisir votre balade, vous disposez systématiquement des informations suivantes :

- Itinéraire, durée et kilométrage du trajet aller en voiture à partir des villes les plus proches de la balade : Vincennes, Marne-la-Vallée (à l'intersection de l'A 4 et de la Francilienne), Meaux, La Ferté-sous-Jouarre.
- Saisons de prédilection : la plupart des balades peuvent se pratiquer en toutes saisons. Toutefois, certaines sont fortement déconseillées en hiver en raison du terrain gras et de la chasse.
- Emplacement de parking.
- Durée totale de la marche.
- Balisage lorsqu'il en existe.

A l'aide du plan illustré qui accompagne le descriptif, vous pourrez visualiser l'environnement naturel qui a été vérifié sur le terrain. Toutefois, les balades ne sont pas toutes représentées à la même échelle pour des raisons techniques évidentes. **Par conséquent, fiez-vous surtout à la durée effective de la marche pour choisir votre itinéraire.**
Concernant l'orientation, les plans sont dessinés avec le nord en haut.
Les pages 8 et 9 vous apportent toutes les clefs de lecture de l'ouvrage.
Les pages 10 à 12 sont consacrées à la légende détaillée des dessins.

Balisage
Pour la plupart des balades, vous suivrez des itinéraires en partie balisés. Dans l'est parisien, les parcours balisés sont généralement entretenus par la FFRP. Vous trouverez les trois formes de balisage conformes à la charte nationale de la randonnée :
GR = double marquage blanc et rouge.
GR de pays = double marquage jaune et rouge.
PR = marquage simple jaune.
Une croix (dite de Saint-André) indique une mauvaise direction.

Les marques GR et GR de pays sont des marques déposées de la FFRP.

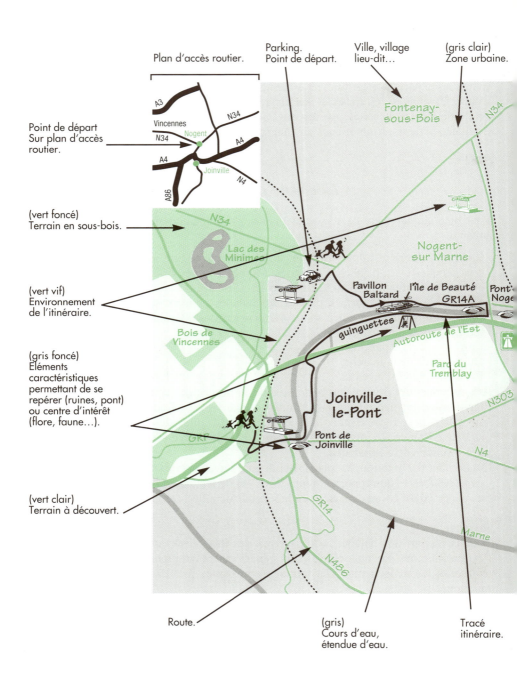

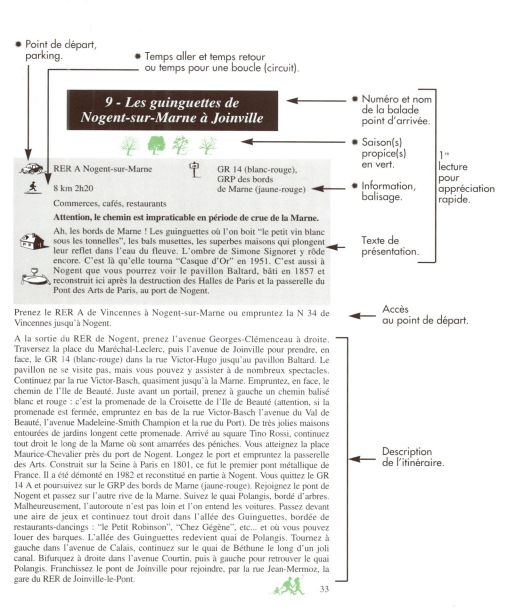

Légendes des dessins

 Parking

 Type de balade, durée et distance

 Balisage

 Départ de la balade

 Variante

 Pause sympa pour tous

 Point de vue

 Coin sympa pour pique-nique

 Point d'eau

 Eau non potable

 Arrivée, but de la balade

 Réservoir

 Pont

 Pylône et ligne à haute tension

 Cascade

 Grotte, gouffre, abri dans rocher

 Calvaire, croix de chemin

 Fontaine, abreuvoir

 Moulin (à vent ou à eau)

 Camping

 Serres

 Restaurant, casse-croûte

 Buvette, bar

 Jeux pour enfants

 Aqueduc

 Panneau d'information

 Stèle

 Tour de vigie (incendie)

 Interdiction permanente ou temporaire (balade interdite)

 Train

 Parcours de santé

 Table d'orientation

 Bateau à voile

 Port de pêche ou de plaisance

 Pêcheur

 Dolmen

 Mémorial (monument)

 Terrain de tennis

 Autoroute

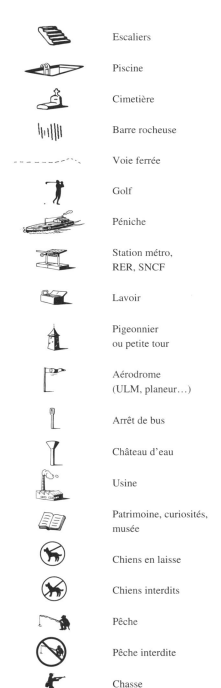

	Monastère, abbaye, collégiale
	Château fort en ruine
	Cathédrale
	Château
	Massifs épineux, buissons
	Champignons
	Noisettes, myrtilles, fraises, noix, framboises
	Fleurs
	Sapins ou épicéas
	Pins
	Feuillus
	Châtaigniers, marronniers
	Chênes verts
	Autres chênes
	Terrains fangeux
	Houx
	Cèdres
	Buis
	Peupliers
	Raisins, vignes
	Champs cultivés
	Arbres fruitiers
	Aulnes
	Hêtres
	Oiseaux
	Oiseaux de proie
	Poissons
	Chevreuils
	Chèvres
	Moutons
	Vaches
	Ecureuils
	Lapins
	Renards
	Cygnes, oiseaux palmipèdes
	Sangliers
	Chevaux
	Echassiers
	Daims, cerfs
	Crapauds, grenouilles
	Rats musqués, ragondins

Reconnaître les arbres

Feuillus : leurs feuilles ont un limbe plus ou moins large, plus ou moins divisé et tombent en hiver. Si une souche a des rejets, c'est une souche à feuillus. En Ile-de-France, vous observerez aulne, bouleau, charme, érable, frêne, noisetier, platane, tilleul, tremble, etc...

Châtaignier : feuillu des fagacées, il mesure jusqu'à 30 m et vit plusieurs siècles. Son tronc est noueux à grosses branches tordues ; son écorce vert olive, ses feuilles allongées, très dentées et pointues. En juin, il a des chatons mâles et des fleurs femelles en cupule et des bogues épineuses renfermant les châtaignes en automne.

Chêne : autre feuillu des fagacées, il élève jusqu'à 40 m ses grosses branches sinueuses et vit 400 ans et plus. Elancé et large, avec une écorce gris sombre, rugueuse et crevassée en longueur, ses feuilles sont lobées et caduques. Le chêne fleurit en mai et porte des glands.

Peuplier : noir, blanc, tremble ou grisard est un feuillu de croissance rapide atteignant 35 m. L'arbre planté le long des allées et connu sous le nom de peuplier pyramidal ou d'Italie est un peuplier noir transformé. Ses branches sont presque verticales et forment une colonne.

Hêtre : feuillu atteignant 40 m à tronc court et couronne très étalée quand il est isolé ; à tronc long, nu, colomnaire et à couronne étroite lorsqu'il croît en peuplement dense. Un hêtre solitaire est majestueux et somptueux en toutes saisons.

Saule : arbuste ne dépassant pas 12 m ou grand feuillu atteignant 30 m, il existe une dizaine de saules : cendré, blanc, vannier ou pleureur. Ses feuilles alternes sont longues de 5 à 10 cm. Les chatons du saule blanc sont portés par des pédoncules foliés et le saule pleureur est caractérisé par ses rameaux jaunes, pendant librement vers le bas.

Pin : il existe une cinquantaine de pins différents avec des branches souvent tordues qui donnent une silhouette irrégulière. On distingue ceux dont les aiguilles sont réunies par 2, 3 ou 5. Il mesure 25 à 30 m et vit 300 ans.

A partir de Vincennes

	Temps de marche aller-retour
1 - Autour du lac Daumesnil	0h35
2 - Le bois de Vaires	0h40
3 - Le parc du Tremblay	0h50
4 - Le parc du Morbras	0h50
5 - La forêt du Plessis Saint-Antoine	0h50
6 - Le bois de Vincennes : le poumon vert de Paris	1h30
7 - De Champigny à la Varenne	1h40
8 - La forêt Notre-Dame par les Friches	2h00
9 - Les guinguettes de Nogent-sur-Marne à Joinville	2h20
10 - Le domaine des Marmousets	2h40

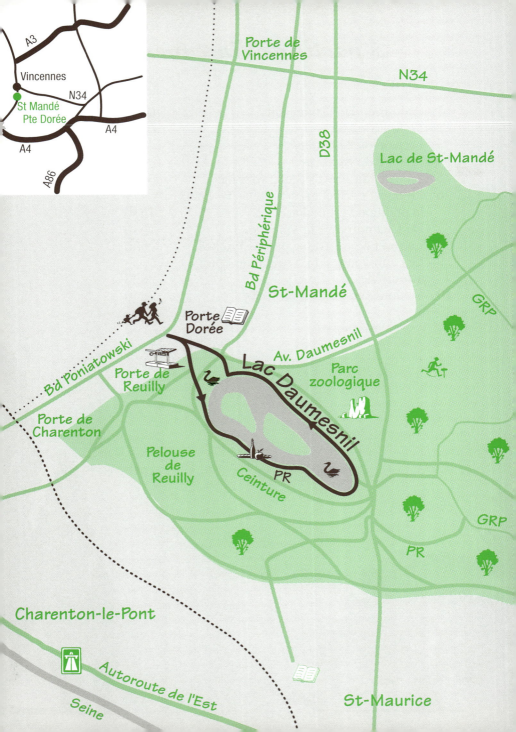

1 - Autour du lac Daumesnil

 Métro Porte Dorée non balisé,
PR (jaune), non balisé

 1,8 km 0h35

 Commerces, cafés, restaurants

 Un petit tour le long du lac Daumesnil, le plus grand des quatre lacs artificiels du bois de Vincennes, avec ses deux îles, celles de Bercy et de Reuilly garnies d'arbres précieux et, sur cette dernière, un joli temple d'amour. Au sud du lac se trouve l'Institut international bouddhique à la toiture recouverte de 180 000 petites tuiles taillées dans du châtaignier.

Du métro Château de Vincennes, prenez la direction Balard jusqu'à Reuilly Diderot, puis la direction Créteil jusqu'à la Porte Dorée.

Sortez du métro Porte Dorée, côté boulevard Poniatowski numéros pairs. Longez la place Edouard-Renard en direction du lac Daumesnil. En face, se trouve le musée des Arts africains et océaniens. Traversez l'avenue du Général-Laperrine, empruntez-la sur 10 m environ et prenez le PR (jaune) à gauche. Traversez la route de la ceinture du lac Daumesnil. Longez le lac où vous pouvez louer des barques pour guetter hérons cendrés, poules d'eau, cygnes et canards. Sur la droite, de larges pelouses vous invitent à pique-niquer. Laissez une passerelle sur votre gauche qui mène au restaurant "Le Chalet des Iles" et continuez tout droit. A l'extrémité du lac, franchissez un petit pont et poursuivez le chemin sur l'autre rive. Une trentaine de mètres plus loin, abandonnez le PR et continuez tout droit le long du lac. Le chemin n'est plus balisé, mais il est impossible de se perdre. On aperçoit sur la droite le rocher artificiel du zoo de Vincennes. Juste avant d'arriver aux barques, traversez la route de la ceinture du lac Daumesnil, puis empruntez l'avenue Daumesnil pour rejoindre la station de métro.

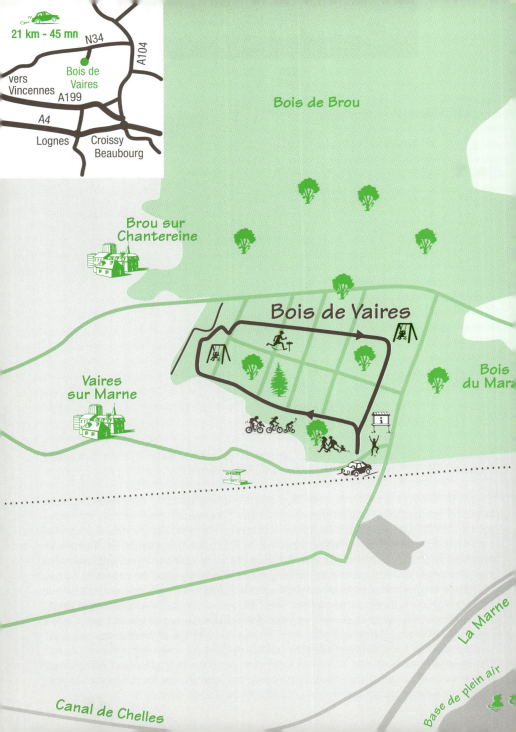

2 - Le bois de Vaires

 Parking du bois   non balisé

 2,5 km 0h40 (+ parcours de santé 1,5 km)

 Un petit tour dans les bois où les allées portent les noms des animaux de nos forêts. Petits et grands pourront profiter des aménagements sportifs.

De Vincennes, empruntez la N 4, puis l'A 4 jusqu'à la Francilienne. Prenez la Francilienne à gauche puis, encore à gauche, la N 34 qui longe le bois, jusqu'au parking du bois à droite. Garez-vous sur le parking.

Pénétrez dans le bois par une sente qui serpente dans une sapinière. Dirigez-vous vers un panneau qui décrit un parcours sylvestre de santé. Prenez l'allée des Ecureuils à gauche de ce panneau. Passez devant un parcours de bicross et continuez sur l'allée des Ecureuils. Une vingtaine de mètres après le croisement avec l'allée des Bécasses, suivez la sente en oblique à droite. Vous êtes près de la sortie du bois, côté Brou sur Chantereine. Le sentier s'infléchit à droite pour passer à gauche d'une aire de jeux. Vous débouchez dans l'allée des Chevreuils et empruntez aussitôt à gauche l'allée des Bécasses. Tournez à droite dans l'allée des Brocards puis, juste avant une seconde aire de jeux, dans l'allée des Renards. Reprenez l'allée des Ecureuils à gauche en direction du parking.
Vous pouvez prolonger la balade en effectuant le parcours de santé (1,5 km) qui vous propose de multiples exercices : tremplin, barres fixes, échelle horizontale, espaliers, poutre, etc.

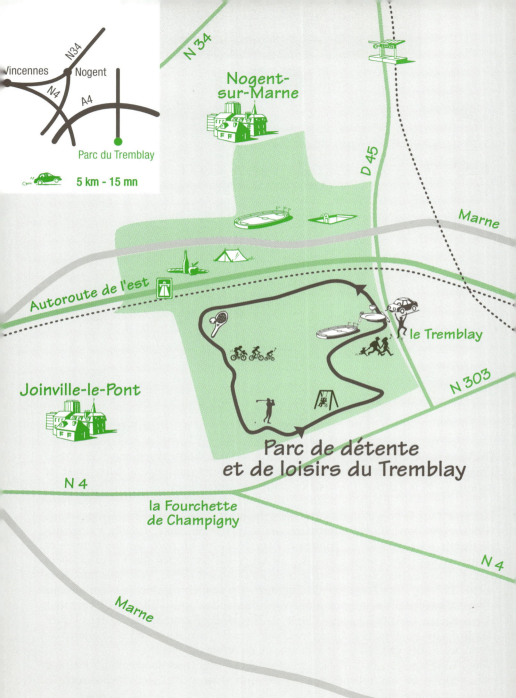

3 - Le parc du Tremblay

 Parking de l'entrée principale du parc, côté restaurant Courte Paille   pas de balisage

 3 km 0h50

 Restaurant Courte Paille

 Le parc est ouvert en été de 8h00 à 22h00, en hiver de 9h00 à 21h00. Il est strictement interdit aux chiens.

 Ce lieu de détente et de loisirs couvre 73 hectares de verdure qui font oublier la proximité d'un tissu urbain dense. Des terrains de volley-ball, de basket-ball, de football, de rugby, de handball, de pétanque, des courts de tennis, une piste d'athlétisme, un parcours de bicross, de golf, une piste de voitures radiocommandées ainsi que de nombreuses aires de jeux attendent les petits et les grands.

De Vincennes, empruntez la N 4 jusqu'à l'A 4, puis l'autoroute jusqu'à la sortie Pont de Nogent. Tournez à droite dans le boulevard Stalingrad et suivez tout de suite à droite une allée qui vous mène jusqu'au parking du parc.

Aussitôt l'entrée principale du parc franchie, vous verrez un restaurant sur votre droite. Continuez face à l'entrée dans une large allée. De là, vous pouvez vous balader à votre guise dans les nombreuses allées du parc. Si vous souhaitez en faire le tour, nous vous conseillons de vous diriger vers la droite et de passer devant les courts de tennis et le mini golf. A l'extrémité des courts de tennis, tournez dans l'allée de gauche. Tout de suite après se trouve un parcours de mini cross à droite. Dépassez la maison du gardien sur la gauche et continuez tout droit. Passez devant une aire de jeux et poursuivez en direction du golf que vous longez. Après le golf, continuez sur l'allée de gauche qui s'incurve à gauche puis à droite. Passez devant une aire de jeux. Le chemin rejoint une allée goudronnée que vous empruntez à gauche. Laissez tout de suite une allée sur la gauche et suivez le chemin tout droit. Tournez à droite pour rejoindre la sortie du parc.

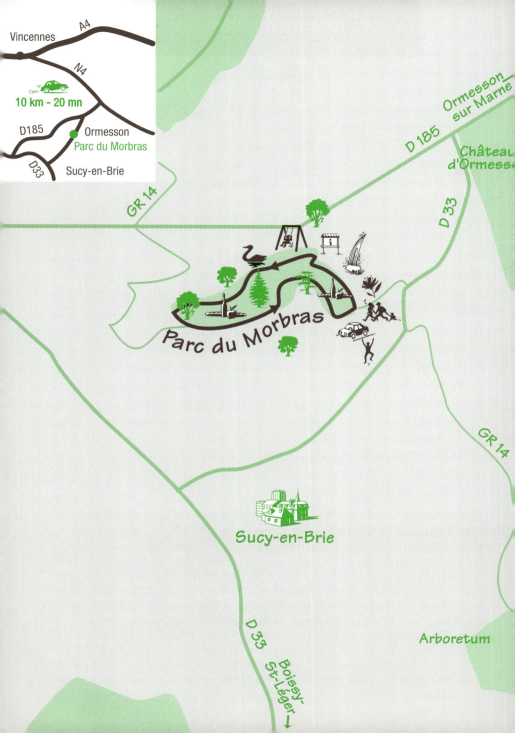

4 - Le parc du Morbras

 Parking de l'entrée du parc à Ormesson   non balisé

🚶 3 km 0h50

 Commerces, cafés, restaurants

 Une petite balade dans un joli parc boisé et fleuri où de nombreuses aires de jeux ont été installées. Un écrin vert dans un milieu très urbanisé.

De Vincennes, empruntez la N 4 puis prenez la D 185 en direction d'Ormesson. Tout de suite après le parc du château d'Ormesson, tournez à gauche sur la D 33 vers Sucy-en-Brie. Au bout d'1 km, tournez à droite dans la rue de l'Ancien Moulin et tout de suite à gauche pour rejoindre le parking du parc. Garez-vous sur le parking à l'entrée du parc municipal d'Ormesson qui prolonge le parc départemental du Morbras.

Entrez dans le parc et passez à côté d'un boulodrome. Engagez-vous à droite en bordure du parc près des pavillons. Vous apercevez bientôt à droite de l'allée un jardin aquatique joliment aménagé autour de bassins en cascade. Un vrai rafraîchissement en été ! Prenez le temps de vous reposer sur les bancs installés au milieu du jardin. Retrouvez l'allée ombragée et passez devant une roue de moulin actionnée par un déversoir. Plus loin, en contrebas, un plan d'eau et des tables de ping-pong vous attendent. Vous arrivez au niveau des locaux d'entretien du parc où se trouve une porte d'entrée et un panneau d'information. Tournez dans l'allée principale sur votre gauche pour rester dans le parc et prenez rapidement le chemin de droite qui serpente le long du Morbras. Les enfants profiteront des aires de jeux et donneront à manger aux canards. Le chemin s'infléchit à gauche pour retrouver une large allée qui contourne le parc par la droite jusqu'à la sortie.

5 - *La forêt du Plessis Saint-Antoine*

 Parking de la forêt du Plessis Saint-Antoine

 3 km 0h50

 Commerces, cafés, restaurants

 Une jolie petite boucle qui vous conduit dans la forêt. Prenez le temps d'y guetter les oiseaux et les écureuils.

non balisé, GRP de la Ceinture Verte de l'Ile-de-France (jaune-rouge), non balisé

De Vincennes, empruntez la N 4 jusqu'à Chennevières, puis prenez à gauche la D 33 E. Continuez dans le Plessis-Trévise par l'avenue de l'Europe, l'avenue des Chênes, la place R. Schuman, l'avenue Gambetta, puis prenez à droite la rue Lefèvre jusqu'au parking de la forêt du Plessis Saint-Antoine. Garez-vous sur le parking de la porte Aubry, principale entrée de la forêt régionale du Plessis Saint-Antoine.

Ne pénétrez pas tout de suite dans le bois, mais prenez un chemin à angle aigu, à gauche de la rue Lefèvre. A son extrémité, suivez à droite un parcours piétonnier créé par la commune du Plessis-Trévise. Abandonnez ce chemin dès la première intersection et tournez à droite dans le GR de pays de la Ceinture Verte de l'Ile-de-France (jaune-rouge). Vous longez le mur du parc d'un château, puis continuez jusqu'à un court de tennis. A cet endroit, quittez le GRP et pénétrez dans la forêt par un mur d'enceinte sur la droite. Passez devant une jolie fontaine en pierre et dirigez-vous à droite dans l'allée de la Grande Sommière. Au carrefour de l'Echo, de superbes chênes s'élancent vers le ciel. Continuez tout droit et juste avant la dernière esplanade, tournez à droite. Au bout de cette allée, prenez, toujours à droite, l'allée des Bordes. De nombreux bancs vous permettent de vous reposer. Vous débouchez dans l'allée des Champs Garnis que vous empruntez à gauche pour rejoindre la porte Aubry et le parking.

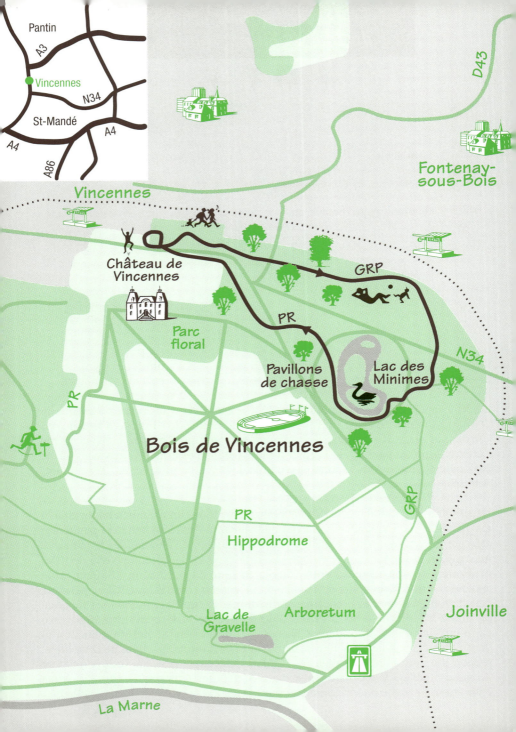

6 - Le bois de Vincennes : le poumon vert de Paris

 Métro Château de Vincennes   jaune-rouge, bleu-jaune

 5 km 1h30

 Commerces, cafés, restaurants

 Une balade dans le poumon vert de l'est parisien au milieu des sous-bois et des allées de chênes et platanes centenaires.

Au métro Château de Vincennes, obliquez à gauche sur la route des Pelouses-Marigny (balisée jaune-rouge) et continuez par un chemin à gauche de la route de la Dame-Blanche. Un peu plus loin sur la gauche se trouve un joli kiosque à musique au toit recouvert de tuiles de bois. Après une centaine de mètres, prenez une allée de marronniers (attention aux chutes de marrons en automne !) qui recoupe la route de la Dame-Blanche, puis obliquez à gauche près d'un manège. Au carrefour des routes du Donjon et du Grand-Maréchal, longez cette dernière à droite sur 100 m, puis engagez-vous à gauche sur un chemin parallèle à la route du Donjon. Restez sur le trottoir et, 50 m plus loin, obliquez légèrement à gauche. Traversez l'avenue de la Pépinière et empruntez en face un sentier qui part sur la droite. De grandes pelouses vous invitent à la détente ou au pique-nique. Vous dépassez, sur la droite, un monument massif dédié à Beethoven. Le chemin oblique à gauche en vue des maisons de Fontenay-sous-Bois. Au carrefour, traversez l'avenue de Fontenay et prenez un chemin sur la droite de l'avenue Gabrielle. Traversez l'avenue de Nogent **(attention, la circulation est très dense)** et prenez en face le chemin jusqu'à la route de la Ménagerie. Empruntez-la à droite (le balisage jaune-rouge est commun avec le balisage du GR 14 A blanc-rouge). Au carrefour, tournez à gauche dans l'allée qui mène à la route Circulaire. Prenez à droite le chemin balisé bleu-jaune longeant un petit ruisseau qui s'élargit en lac, le lac des Minimes. Continuez à longer le lac jusqu'aux pavillons de chasse de Napoléon III, situés sur la gauche. 100 m après le second pavillon, quittez la rive du lac et tournez franchement à gauche. Traversez la route Circulaire et empruntez en face la route des Dames. Une centaine de mètres plus loin, tournez dans un petit chemin à gauche. Traversez l'avenue du Tremblay et continuez quelques mètres sur le chemin en face. Prenez la première sente à droite dans le sous-bois. Suivez bien le balisage bleu-jaune car de petites sentes partent dans tous les sens. Traversez la route des Sabotiers et empruntez-la sur la droite. Elle contourne le Fort Neuf de Vincennes. Prenez un chemin parallèle à la route qui longe toujours le Fort Neuf. Arrivé devant une grille, tournez à droite et tout de suite à gauche pour rejoindre la route de Nogent jusqu'au métro Château de Vincennes.

7 - De Champigny à La Varenne

 RER Champigny

 5,5 km 1h40

 GR de pays des bords de Marne (jaune-rouge), GR 14 (blanc-rouge)

Attention, le chemin est impraticable en période de crue de la Marne.

 Entre sentes urbaines et bords de Marne, ce parcours offre de beaux points de vue sur Paris. A Champigny, faites un petit détour par le musée de la Résistance : il vous conduira sur les traces de notre passé, de la montée des conflits à la Libération.

Prenez le RER A de Vincennes-Champigny ou, de Vincennes, empruntez la N 4 jusqu'à Champigny. Traversez le pont de Champigny, prenez tout droit le boulevard de Champignol et garez votre voiture sur le parking du RER.

Du parking du RER, empruntez le boulevard de Champignol, traversez le pont de Champigny sur la Marne et, à l'extrémité du pont à droite, descendez un petit escalier qui mène sur les bords de Marne. Vous êtes sur la promenade Camille Pissaro et le GR de pays des bords de Marne (jaune-rouge). Le fleuve est parsemé de petites îles, refuges d'oiseaux et de plantes. Tout le long de la promenade, des bancs vous invitent à la rêverie ou au repos. Passez devant le restaurant-hôtel "Le Moulin Vert" et sa terrasse qui donne sur le fleuve. Au bout de la promenade, tournez à gauche dans la rue de Champignol. Traversez la rue de Musselburgh (de là, vous pouvez faire un petit détour par la sente des Grandes Vignes pour rejoindre le musée de la Résistance, 88 avenue Marx-Dormoy). Prenez en face le chemin de la Croix Saint-Vincent. En haut de ce chemin, tournez à droite dans le sentier du Roc qui grimpe entre des maisons. Passez sous le pont de la voie ferrée et continuez sur la droite. Après le n° 57, prenez à droite le sentier de la Gorgette. Une centaine de mètres plus loin, vous rejoignez un petit chemin de terre qui grimpe puis redescend. Au bout de ce chemin, tournez à gauche dans une rue qui monte entre des maisons, puis prenez à droite le chemin de la Croix Saint-Vincent et, de nouveau à droite, la rue de Bry. Au carrefour, empruntez en face la rue du Général-de-Gaulle. Passez devant l'église Saint-Pierre (XIIIe siècle) à gauche et l'ancienne mairie à droite. Derrière celle-ci se trouve une terrasse d'où vous avez un superbe point de vue sur la Marne et Paris. Continuez tout droit dans la rue du Général-de-Gaulle (attention à la circulation, le trottoir est étroit). Au niveau du château des Rets, quittez le GRP pour prendre le GR 14 (blanc-rouge) qui descend à droite dans le chemin de la Vieille Montagne. Au bout de cette descente, continuez tout droit, puis, une cinquantaine de mètres plus loin, traversez la D 29 E et empruntez une petite rue qui rejoint le pont de Chennevières. Traversez le pont, puis suivez l'avenue du Bac qui vous mène au RER de La Varenne. Vous pouvez faire demi-tour ou prendre le RER pour revenir à Champigny.

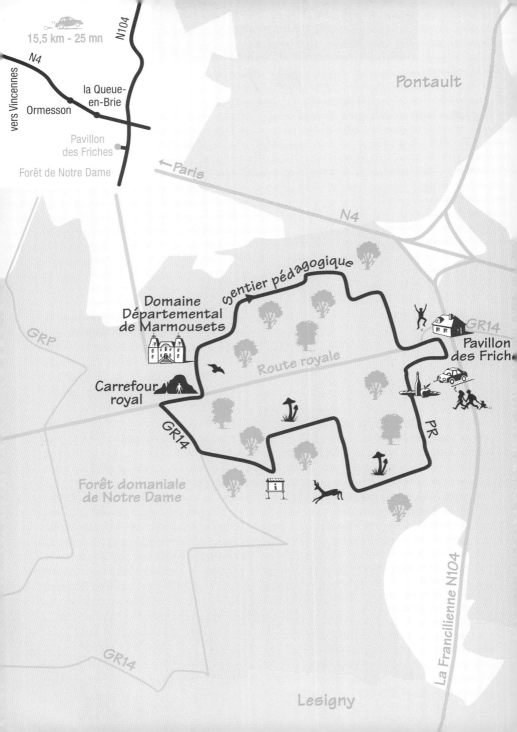

8 - La forêt Notre-Dame par les Friches

Parking du pavillon des Friches

7 km 2h00

PR (jaune),
GR 14 (blanc-rouge),
PR (jaune)

La forêt Notre-Dame abrite des dizaines d'essences d'arbres : hêtres, bouleaux, charmes, châtaigniers, sorbiers, alisiers, trembles, tilleuls, érables sycomores... En saison, vous y trouverez aussi des cèpes et du muguet. Et, avec un peu de chance, vous pourrez apercevoir chevreuils et sangliers et entendre le chant du coucou gris, de la fauvette à tête noire, du pinson des arbres, du roitelet...

De Vincennes, empruntez la N 4, puis la Francilienne N 104 à droite. Au bout de 500 m, tournez à droite pour rejoindre le parking des Friches. Garez-vous sur le parking, juste avant le pavillon de chasse des Friches.

Prenez en face le PR (jaune). Traversez la zone de pique-nique aménagée et continuez à droite en suivant le balisage. Empruntez à gauche l'allée Verte. Au bout de cette allée, tournez à droite. Après une ligne droite de 500 m, empruntez l'allée Jaquette à droite, puis tournez à gauche, 600 m plus loin sur un petit pont. Le sentier rejoint la route de la Louvetière que vous empruntez à gauche. Au premier croisement, tournez à droite. Vous arrivez à la station pédagogique n° 9 où se trouvent des panneaux d'information sur les essences de la forêt. Tournez à droite et empruntez le GR 14 (blanc-rouge) pour rejoindre le carrefour Royal. Prenez à droite la route Royale. Passez devant un portail d'où l'on aperçoit le château des Marmousets, appartenant au conseil général. Peu après ce portail, engagez-vous à gauche dans un chemin en sous-bois. Prenez à droite l'allée suivante et suivez le sentier pédagogique en sous-bois jusqu'au pavillon des Friches. Au bout du chemin, laissez le GR et empruntez le PR tout droit, jusqu'au parking.

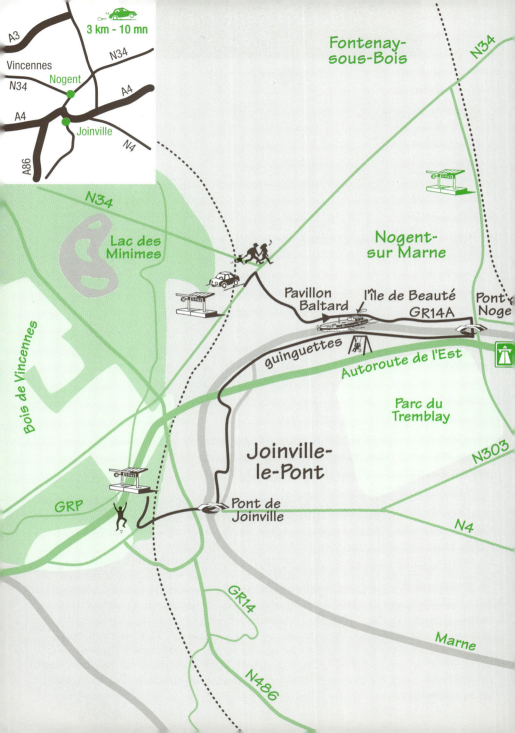

9 - Les guinguettes de Nogent-sur-Marne à Joinville

 RER A Nogent-sur-Marne

 GR 14 (blanc-rouge), GRP des bords de Marne (jaune-rouge)

 8 km 2h20

Commerces, cafés, restaurants

Attention, le chemin est impraticable en période de crue de la Marne.

 Ah, les bords de Marne ! Les guinguettes où l'on boit "le petit vin blanc sous les tonnelles", les bals musettes, les superbes maisons qui plongent leur reflet dans l'eau du fleuve. L'ombre de Simone Signoret y rôde encore. C'est là qu'elle tourna *Casque d'Or* en 1951. C'est aussi à Nogent que vous pourrez voir le pavillon Baltard, bâti en 1857 et reconstruit ici après la destruction des Halles de Paris et la passerelle du Pont des Arts de Paris, au port de Nogent.

Prenez le RER A de Vincennes à Nogent-sur-Marne ou empruntez la N 34 de Vincennes jusqu'à Nogent.

A la sortie du RER de Nogent, prenez l'avenue Georges-Clémenceau à droite. Traversez la place du Maréchal-Leclerc, puis l'avenue de Joinville pour prendre, en face, le GR 14 (blanc-rouge) dans la rue Victor-Hugo jusqu'au pavillon Baltard. Le pavillon ne se visite pas, mais vous pouvez y assister à de nombreux spectacles. Continuez par la rue Victor-Basch, quasiment jusqu'à la Marne. Empruntez, en face, le chemin de l'Ile de Beauté. Juste avant un portail, prenez à gauche un chemin balisé blanc et rouge : c'est la promenade de la Croisette de l'Ile de Beauté (attention, si la promenade est fermée, empruntez en bas de la rue Victor-Basch l'avenue du Val de Beauté, l'avenue Madeleine-Smith Champion et la rue du Port). De très jolies maisons entourées de jardins longent cette promenade. Arrivé au square Tino Rossi, continuez tout droit le long de la Marne où sont amarrées des péniches. Vous atteignez la place Maurice-Chevalier près du port de Nogent. Longez le port et empruntez la passerelle des Arts. Construit sur la Seine à Paris en 1801, ce fut le premier pont métallique de France. Il a été démonté en 1982 et reconstitué en partie à Nogent. Vous quittez le GR 14 A et poursuivez sur le GRP des bords de Marne (jaune-rouge). Rejoignez le pont de Nogent et passez sur l'autre rive de la Marne. Suivez le quai Polangis, bordé d'arbres. Malheureusement, l'autoroute n'est pas loin et l'on entend les voitures. Passez devant une aire de jeux et continuez tout droit dans l'allée des Guinguettes, bordée de restaurants-dancings : "le Petit Robinson", "Chez Gégène", etc... et où vous pouvez louer des barques. L'allée des Guinguettes redevient quai de Polangis. Tournez à gauche dans l'avenue de Calais, continuez sur le quai de Béthune le long d'un joli canal. Bifurquez à droite dans l'avenue Courtin, puis à gauche pour retrouver le quai Polangis. Franchissez le pont de Joinville pour rejoindre, par la rue Jean-Mermoz, la gare du RER de Joinville-le-Pont.

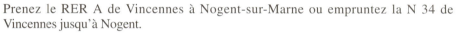

10 - *Le domaine des Marmousets*

 Parking du domaine des Marmousets

 9 km 2h40

PR (jaune) GR 14 (blanc-rouge), GR de pays de la Ceinture Verte de l'Ile-de-France (jaune-rouge)

 Une balade au milieu d'une grande variété d'arbres de la forêt Notre-Dame. Près du château des Marmousets vous attend une curiosité : une grotte glacière du XVIIIe siècle.

De Vincennes empruntez la N 4. Après La Queue en Brie, continuez jusqu'au lieu-dit "La Pompe" et prenez la deuxième route à droite, le chemin des Marmousets, jusqu'au parking. Garez-vous devant l'esplanade du château des Marmousets (XIXe siècle).

Empruntez le chemin à droite et passez devant la grotte glacière. Cette grotte servait au XVIIIe siècle à garder les aliments au frais : l'ancêtre de notre réfrigérateur ! Prenez le PR (jaune) à droite dans une grande allée, dans l'axe du château. Au bout de l'allée, vous rejoignez le GR 14 (blanc-rouge) que vous suivez à droite sur la route Royale jusqu'au carrefour Royal. Bifurquez à gauche pour aboutir devant le parc du château de Maison-Blanche. Tournez immédiatement à droite dans le chemin du Vieux Colombier. Au carrefour de l'Etoile Dauphine, empruntez à gauche le chemin Noir. A son extrémité, prenez à droite le chemin du Vieux-Pavé-de-Paris, puis tournez à gauche et ensuite à droite dans des allées menant au carrefour de la Petite-Patte-d'Oie. Continuez à gauche dans le sentier de Monthéty, puis tournez à droite pour rejoindre la Cabane-à-Papa. Quittez le GR 14 pour emprunter à droite le GR de pays de la Ceinture Verte de l'Ile-de-France (jaune-rouge). Après un décrochement à gauche, continuez vers le chemin en longeant un fossé. Coupez une première allée puis engagez-vous à droite dans la deuxième, l'allée du Vieux Colombier. Au carrefour du Dauphin, prenez à gauche l'allée qui rejoint le carrefour des Huit-Routes. Empruntez la troisième allée à droite. Au bout de 500 m, laissez le GRP qui tourne à gauche et continuez tout droit jusqu'au chemin des Grands-Clos que vous suivez à droite jusqu'au parking.

A partir de Marne-la-Vallée

Temps de marche
aller-retour

11 - Le château de Ferrières   0h50
12 - Le parc de Noisiel   1h10
13 - La boucle de Noisiel   1h45
14 - Les bords de Marne à Lagny   2h00
15 - Le pays briard à Morcerf   2h10
16 - Le chêne Saint-Jean de la forêt de Ferrières 2h20
17 - La Sablonnière de la forêt de Ferrières   2h40
18 - La forêt d'Armainvilliers   2h40
19 - La forêt de Crécy   3h00

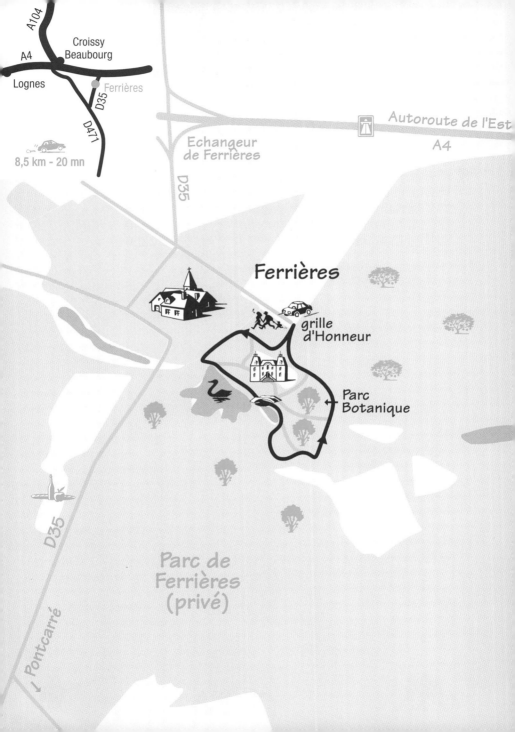

11 - Le château de Ferrières

 Parking du château de Ferrières   non balisé

 3 km 0h50

Le parc et le château sont ouverts du 1er octobre au 30 avril de 14h00 à 17h00, les samedis et dimanches et du 1er mai au 30 septembre de 14h00 à 19h00 sauf les lundis et mardis. La visite du parc est payante (15 F), mais gratuite le mercredi après-midi.

 De style Renaissance italienne, le château de Ferrières a été construit au milieu du XIXe siècle pour le bon plaisir du baron James de Rotschild. Son parc à l'anglaise invite à la rêverie et son arboretum vous fera découvrir 72 espèces d'arbres. N'oubliez pas en partant d'aller faire un tour au musée de l'Imaginaire : des artistes y exposent des œuvres oniriques peuplées de fées, trolls et autres monstres.

De Marne-la-Vallée, empruntez l'A 4, puis prenez à droite la D 35 jusqu'à Ferrières. Garez-vous sur le parking du château et pénétrez dans le parc.

Face au château, prenez l'allée de droite sur le sentier botanique. Passez devant la tombe en pierre de John Nuttall, directeur en chef des travaux du château de Ferrières. Tout de suite après la tombe, tournez à gauche. Au bout de 100 m, vous atteignez un étang. Tournez à gauche à angle aigu et franchissez une petite passerelle sur l'étang. Après avoir franchi une deuxième passerelle, tournez à droite et profitez-en pour admirer la façade côté jardin du château. Laissez un pont de pierre et continuez tout droit. Au bout de l'étang, suivez le chemin jusqu'à un jardin japonais. Tournez à gauche dans ce jardin en passant sous une tonnelle, prenez à gauche la première petite allée et presque aussitôt, encore à gauche. Franchissez un pont puis tournez à droite. Au bout du chemin, empruntez une grande allée sur la gauche qui vous ramène au château.

12 - Le parc de Noisiel

	Place Jacques Menier à Noisiel		GR de pays (jaune-rouge), non balisé, GR de pays (jaune-rouge)
	4 km 1h10		

Commerces, cafés, restaurants

Attention, chemin non praticable en période de crue de la Marne.

 Le château de Champs-sur-Marne est ouvert tous les jours sauf le mardi, l'été de 10h00 à 12h00 et de 13h30 à 17h30, l'hiver de 10h00 à 12h00 et de 13h30 à 16h30.

 Vous apprécierez la richesse et la diversité du patrimoine que vous propose cette balade : de l'ancienne chocolaterie Nestlé du XIXe siècle au château de Champs-sur-Marne du XVIIIe siècle, entouré d'un des plus beaux jardins paysagers d'Ile-de-France, en passant par le parc de Noisiel aux arbres centenaires.

Prenez le RER A jusqu'à la gare de Noisiel ou, de Marne-la-Vallée, empruntez la N 104, puis prenez l'A 199 à gauche. A l'échangeur de Noisiel, prenez à droite le boulevard Salvador-Allende. Au rond-point des Quatre Pavés, tournez à droite dans le cours de l'Arche Guédon, puis à gauche dans la rue E. Menier jusqu'à la place de la mairie. Garez-vous sur la place Menier.

Tournez le dos à la mairie et traversez le square Jacques Menier. Arrivé au rond-point, prenez en face la rue qui longe la chocolaterie Nestlé, remarquablement restaurée. La rue se prolonge en chemin entre la Marne et le parc de Noisiel. Vous êtes sur le GR de pays de la Ceinture Verte de l'Ile-de-France (jaune-rouge). Continuez sur le chemin de halage pendant environ 2,5 km. Au niveau d'une barrière indiquant la continuation du GRP, tournez à angle aigu dans le deuxième chemin à gauche qui longe l'enceinte du parc du château de Champs-sur-Marne. L'itinéraire n'est plus balisé. Après 500 m, vous découvrez sur votre gauche une immense esplanade, la Prairie du Parc, idéale pour les jeux de plein air et les pique-niques. Franchissez un petit pont sur un ru et continuez tout droit dans un bois où s'élèvent des arbres de plus de 30 m (hêtres, sapins, platanes, conifères...). A un croisement important de sentiers, poursuivez votre chemin jusqu'à une autre esplanade du parc de Noisiel. Continuez dans la même direction et, à la première fourche, empruntez l'allée de gauche qui rejoint le GRP. Sortez du parc par une grille sur la droite. Laissez le GRP à gauche et reprenez à droite la rue qui longe la chocolaterie. Traversez le rond-point et retrouvez le square Jacques Menier et la place de la mairie de Noisiel.

L'accès au château de Champs-sur-Marne peut se faire à pied à partir de la grille d'honneur du parc de Noisiel sur la D 217 (1 km). En voiture, suivez la D 217, de Noisiel à Champs-sur-Marne.

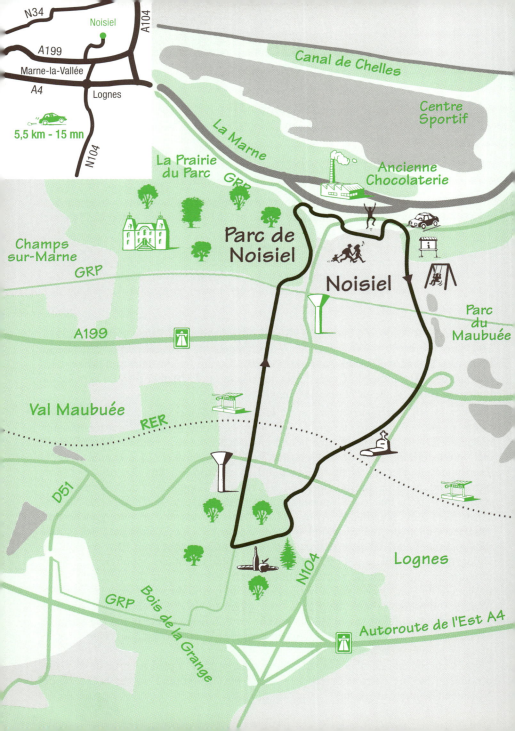

13 - La boucle de Noisiel

 Place Menier à Noisiel

 6 km 1h45

Commerces, cafés-restaurants

 non balisé, GR de pays de la Ceinture Verte de l'Ile-de-France (jaune-rouge), non balisé

 Un parcours dans les bois, les parcs du Maubuée et de Noisiel font oublier la proximité de la ville. A Noisiel, profitez des journées du patrimoine pour visiter l'ancienne chocolaterie Menier. On n'y fabrique plus de chocolat, mais les superbes bâtiments du XIXe siècle abritent toujours les bureaux.

Prenez le RER A jusqu'à la gare de Noisiel ou, de Marne-la-Vallée, empruntez la N 104, puis prenez l'A 199 à gauche. A l'échangeur de Noisiel, prenez à droite le boulevard Salvador-Allende. Au rond-point des Quatre Pavés, tournez à droite dans le cours de l'Arche Guédon, puis à gauche dans la rue E. Menier jusqu'à la place de la mairie. Garez-vous place Menier.

Empruntez la rue Claire-Menier pour rejoindre la chocolaterie. Tournez à droite sur la place Gaston-Menier, puis encore à droite au bout de quelques mètres pour arriver au départ de la Promenade de la Chocolaterie indiquée par un panneau. Sur la gauche, s'étend le parc du Maubuée avec ses jeux pour les enfants et ses plans d'eau. Longez sur la droite l'ancienne cité ouvrière de la chocolaterie, puis franchissez à droite un petit pont de bois qui traverse un canal en cascade. Restez bien sur l'allée piétonnière jusqu'à la hauteur d'un cimetière, puis traversez une rue et prenez une allée en face. Au bout de cette allée, pénétrez dans le bois de la Grange. Vous pouvez pique-niquer dans une belle clairière en lisière de bois. Empruntez la première grande allée à droite qui pénètre dans les bois. Au croisement de chemins, vous rejoignez le GR de pays de la Ceinture Verte de l'Ile-de-France (jaune-rouge) que vous suivez sur la droite. Passez entre deux énormes châteaux d'eau et continuez sur la très large allée du Bois, véritable artère verte dans ce milieu urbain. L'allée coupe d'abord une route, puis l'A 199 avant d'atteindre les grilles du parc de Noisiel. Entrez dans le parc et prenez l'allée de droite. Au bout de cette allée, tournez à droite pour sortir du parc et quittez le GRP qui longe les bords de Marne à gauche. Passez près de la chocolaterie en empruntant la rue sur votre droite. Traversez le rond-point, le square Jacques Menier et rejoignez la place de la mairie de Noisiel.

14 - Les bords de Marne à Lagny

 Gare de Lagny

 GR 14 (blanc-rouge), PR (jaune), non balisé

 7 km 2h00

Commerces, cafés, restaurants

 Attention, chemin impraticable en période de crue de la Marne.

 Cette boucle vous emmène sur les berges ombragées de la Marne, à proximité du centre historique de la ville. La visite du vieux Lagny vaut le détour: vieux lavoirs, rues piétonnes et surtout l'église Notre-Dame des Ardents (XVIIIe siècle) et son monastère qui abrite l'actuel hôtel de ville.

Prenez le train jusqu'à Lagny ou, de Marne-la-Vallée, empruntez l'A 4, puis prenez l'A 104 à gauche. 800 m après l'échangeur de Saint-Thibault, tournez à droite sur la N 34 jusqu'à Lagny.

A la sortie de la gare, rejoignez à droite le pont Maunoury sur le GR 14 (blanc-rouge) qui franchit la Marne. Tournez tout de suite à gauche sur le quai Saint-Père qui se prolonge par le quai de la Gourdine (entrée du musée municipal par le square Foucher de Careil). Passez devant des installations nautiques avant d'arriver au square Sainte-Agathe des Monts où se trouvent des jeux pour les enfants et des tables de pique-nique. Restez sur les bords de Marne et franchissez deux barrières avant de tourner à droite dans une sente étroite. Vous quittez le GR 14. Une quinzaine de mètres plus loin, vous arrivez dans l'allée des Goujons que vous empruntez à gauche jusqu'à la route, rue de Quincangrogne. Pratiquement en face, prenez une voie privée, mais autorisée aux piétons, qui vous conduit à droite de l'école d'Alembert. Longez les bâtiments et prenez une sente en oblique à droite qui rejoint le chemin de la Grande Voirie. Vous êtes sur le PR du parcours pédestre Est de Lagny (jaune). Arrivé à une fourche, empruntez le chemin de droite le long du mur d'un cimetière. Vous rejoignez l'allée Verte qui longe le bois des Etoisis, un site classé. L'allée se situe sur l'ancienne voie ferrée de Lagny à Morcerf. A son extrémité, un passage en descente vous permet de déboucher sur le chemin des Etoisis. Tournez à gauche puis à droite pour prendre la rue du Canada et retrouver le square Sainte-Agathe des Monts en bordure de Marne. De là, vous quittez le PR. Vous rejoignez le GR et franchissez le pont Maunoury sur la gauche pour retrouver la gare.
Le vieux Lagny se visite à partir de ce pont en empruntant la rue piétonne jusqu'à la place de la Fontaine.

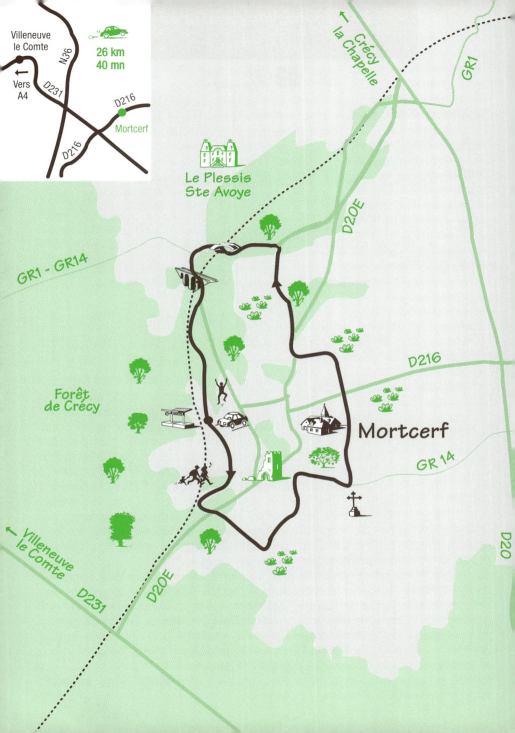

15 - Le pays briard à Morcerf

 Gare de Morcerf

 7,5 km 2h10

 GR 14 (blanc-rouge), non balisé, GR 1 (blanc-rouge), GR 14 (blanc-rouge)

 A deux pas de la forêt de Crécy, cet itinéraire serpente entre village et bois et traverse des paysages typiquement briards où les plaines cultivées s'étendent à perte de vue.

Prenez un train jusqu'à Morcerf (attention ils sont rares) ou de Marne-la-Vallée, empruntez l'A 4 puis prenez à droite la D 231, direction Villeneuve-le-Comte et la D 216 à gauche jusqu'à Morcerf.

En sortant de la gare, tournez à droite, puis tout de suite à gauche dans l'avenue de la Gare. Vous êtes sur le GR 14 (blanc-rouge). Tournez à droite dans la rue des Maniquets qui se prolonge par un sentier herbeux. Longez un bois à droite, puis une mare à gauche. Au bout du chemin, laissez le pont de la voie ferrée à droite et tournez à gauche jusqu'à la D 216. Empruntez-la à gauche et prenez un chemin à droite, juste avant le panneau Morcerf. Vous apercevez sur la gauche les ruines du château de Morcerf. Après 300 m environ, tournez à gauche. Vous atteignez une petite route goudronnée que vous suivez tout droit dans le lieu-dit "Les Prêches". Au bout, tournez à gauche, puis dans la troisième rue à droite, rue d'Hautefeuille, en face de la résidence de la Sauvegarde. Laissez la rue de l'Egalité à gauche où vous apercevez un moulin et tournez à gauche au niveau d'un calvaire, la Croix Saint-Jean. Quittez le GR 14 pour suivre le chemin du Port, non balisé. Traversez une petite route et prenez, en face, un chemin de terre qui longe un verger. Le paysage est typiquement briard avec ses plaines à perte de vue. Continuez sur une petite route goudronnée que vous empruntez jusqu'à la D 216. Traversez la départementale et prenez le chemin en face. Tournez dans le premier chemin à gauche, entre deux champs cultivés. Il se prolonge par une rue entre les maisons de Morcerf. Suivez la D 216 à droite et, 100 m plus loin, dans un virage à la sortie du village, prenez sur la gauche un large chemin herbeux sur 800 m environ. De là, vous avez une très belle vue sur la forêt de Crécy. Au bout du chemin, vous retrouvez le GR 1 (blanc-rouge) qui descend sur la gauche en lisière du bois. Continuez à descendre dans le sous-bois, puis passez sous un pont de chemin de fer et prenez une route goudronnée à gauche sur le GR 14 (blanc-rouge). Passez sous un viaduc et prenez le premier chemin à droite dans un joli sous-bois. A une intersection, continuez tout droit. Au bout du chemin, reprenez l'avenue de la Gare à droite jusqu'à la gare de Morcerf.

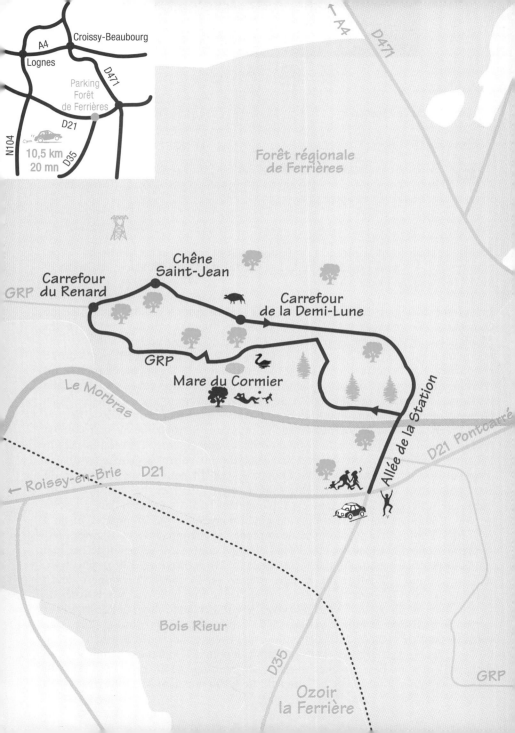

16 - Le chêne Saint-Jean de la forêt de Ferrières

 Parking à l'intersection de la D 21 et la D 35 près d'Ozoir

 GR de pays (jaune-rouge), non balisé

 8 km 2h20

 Une balade sylvestre à l'ouest de la forêt de Ferrières au milieu de remarquables chênes centenaires.

 Chasse d'octobre à février.

De Marne-la-Vallée, empruntez l'A 4, puis prenez la D 471 à droite et à nouveau à droite la D 21 jusqu'à l'intersection avec la D 35. Garez-vous sur le parking.

Prenez l'allée de la Station à droite. 250 m plus loin, vous rejoignez le GR de pays des Vallées et Forêts briardes. Continuez tout droit, franchissez le Morbras et tournez à gauche dans une sente sinueuse bordée de sapins. A l'extrémité de cette sente, tournez à droite et traversez la route forestière de Roissy. Prenez une sente étroite presque en face après avoir franchi un petit pont de bois sur un fossé de drainage. Au premier carrefour, tournez à gauche dans une large allée. Coupez l'allée du parc de Croissy et longez une aire de détente aménagée autour d'un étang : la mare du Cormier. A l'époque de Charles le Chauve, on y battait monnaie et l'on raconte que le fond de la mare est jonchée de pièces d'or. Une douve circulaire et non rectangulaire comme ailleurs dans la région entoure l'île où les canards ont élu domicile. 20 m après la mare, bifurquez à droite dans un étroit chemin sinueux. Traversez une première allée et tournez à droite dans la seconde. Au bout de 50 m, empruntez un chemin à gauche. Coupez l'allée de l'Orme Sec et tournez à droite à hauteur des maisons de Roissy-en-Brie. Arrivé au carrefour du Renard, laissez le GRP à gauche et prenez la deuxième allée à droite. Vous pouvez contempler une magnifique chênaie, dont le chêne Saint-Jean plusieurs fois centenaire et maître des lieux, au bout de l'allée. Engagez-vous à droite sur la route forestière asphaltée qui longe un parc à sangliers jusqu'au carrefour de la Demi Lune. Empruntez à droite une piste parallèle à l'allée du Tour du Parc. Au carrefour du Pas du Chêne, tournez à droite dans une large allée qui mène au carrefour de la Ferrandière. Vous retrouvez l'allée de la Station en oblique à droite qui rejoint le parking.

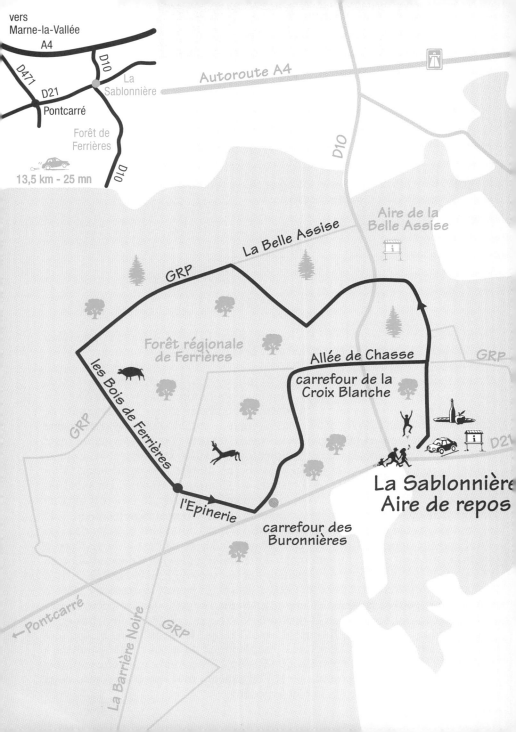

17 - La Sablonnière de la forêt de Ferrières

 Aire de repos de la Sablonnière (au croisement de la D 21 et de la D 10 entre Pontcarré et Villeneuve le Comte)   GRP (jaune-rouge), non balisé

 9 km 2h40

 De belles allées bordées de chênes ou de résineux vous attendent sur ce parcours situé à 2 km du château de Ferrières.

 Chasse d'octobre à février.

De Marne-la-Vallée, empruntez l'A 4, puis prenez la D 471 à droite et la D 21 à gauche jusqu'à l'aire de repos de la Sablonnière. Garez votre véhicule.

Prenez la piste cavalière à droite. Traversez la belle allée de Chasse et, 200 m plus loin, rejoignez le GR de pays des Vallées et Forêts briardes (jaune-rouge). Engagez-vous dans une sente en face, puis tournez vers la gauche pour couper la D 10. Continuez tout droit jusqu'à une intersection, puis bifurquez à droite pour rejoindre la large route forestière de la Belle Assise. Suivez-la à gauche sur 1,5 km, puis tournez à gauche dans la route des Bois de Ferrières. Laissez le GRP qui part à droite et continuez tout droit pour rejoindre le carrefour de l'Epinerie. Traversez la route forestière de la Barrière Noire et prenez en oblique à gauche la route de l'Epinerie pour arriver au carrefour des Burronnières où se trouvent un étang et de superbes chênes. Ne traversez pas la D 21, contournez l'étang par la gauche et empruntez la route des Burronnières, tout en courbes et longée par un large fossé de drainage. Coupez la route des Cressonneaux pour arriver dans l'allée de Chasse que vous prenez à droite. Passez au carrefour de la Croix Blanche, traversez la D 10 et retrouvez la piste cavalière à la première intersection. Empruntez-la à droite pour revenir sur l'aire de repos de la Sablonnière.

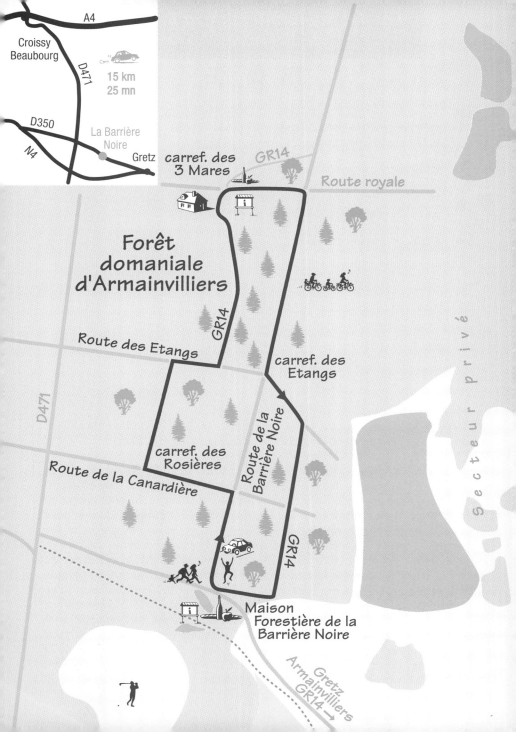

18 - La forêt d'Armainvilliers

 Parking de la maison forestière de la Barrière Noire ou gare SNCF de Gretz-Armainvilliers   non balisé, GR 14 (blanc-rouge)

 9 km 2h40

 Une balade dans les longues allées parfaitement entretenues de la forêt d'Armainvilliers où les chênes sont rois.

De Marne-la-Vallée, empruntez l'A 4, puis prenez à droite la D 471 et à nouveau à droite la D 350 jusqu'au parking de la Barrière Noire. Garez-vous sur le parking de la maison forestière.

Prenez la belle et large allée de la Barrière Noire bordée de sapins jusqu'au premier carrefour de la Pâture aux Bœufs. Bifurquez à gauche sur la route de la Canardière qui rejoint le carrefour des Rosières. Au carrefour, tournez à droite sur la route du Fossé Rouge, puis traversez une large allée. 200 m plus loin, vous arrivez sur la route des Etangs. Empruntez-la à droite sur 400 m et rejoignez le GR 14 (blanc-rouge). Prenez l'étroit sentier balisé à gauche qui vous conduit jusqu'au carrefour des Trois Mares (rendez-vous de chasse). Quittez le GR et tournez à droite dans la Route Royale qui rejoint le carrefour du Début. Prenez la route de la Barrière Noire que vous suivez à droite. Coupez la route du Cygne au carrefour de la Rucherie et atteignez le carrefour des Etangs où vous retrouvez le GR 14. Suivez le chemin balisé en oblique à gauche sur la route Carignan. A la première intersection, tournez à droite, traversez la route de la Canardière puis, à hauteur d'un mur d'enceinte, virez à droite. Passez sur un lieu de bivouac autorisé par l'ONF et franchissez des grilles pour retrouver le parking.

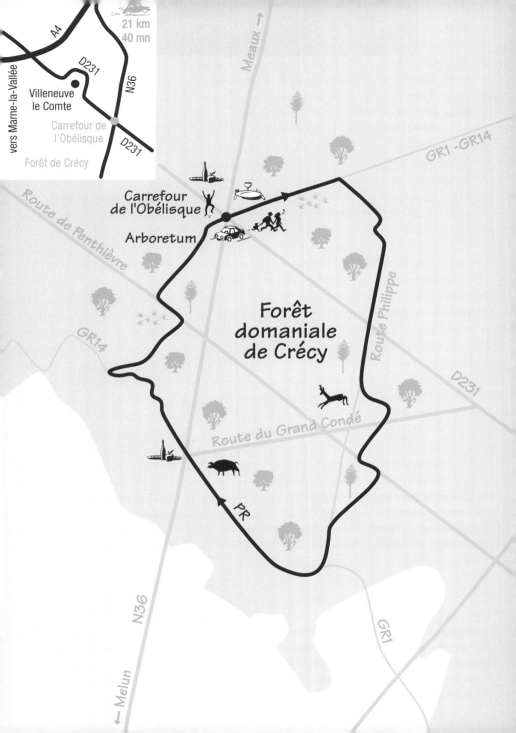

19 - La forêt de Crécy

 Parking du carrefour de l'Obélisque

 10 km 3h00

Bar-restaurant

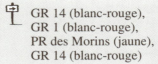 GR 14 (blanc-rouge),
GR 1 (blanc-rouge),
PR des Morins (jaune),
GR 14 (blanc-rouge)

 Au cœur de la Brie, la forêt de Crécy couvre 3500 hectares, dont le tiers appartient à l'Etat. Sur le sol humide et argileux poussent saules, tilleuls, trembles et bouleaux. Mais on y trouve aussi des hêtres, charmes, pins sylvestres et chênes. Avec un peu de chance et beaucoup de silence, vous pourrez y croiser des chevreuils ou des sangliers, dont les traces restent longtemps visibles.

De Marne-la-Vallée, empruntez l'A 4, puis prenez la D 231 à droite, direction Villeneuve-le-Comte jusqu'au parking du carrefour de l'Obélisque où vous laissez votre véhicule.

Traversez la N 36 et empruntez à droite d'un bar-restaurant le GR 14 (blanc-rouge). Après 700 m environ, vous atteignez un carrefour de chemins. Prenez le deuxième à droite sur le GR 1 (blanc-rouge) pendant 400 m, puis tournez à droite et presque aussitôt à gauche dans une large allée (route de Bourbon) qui longe une propriété privée. Prenez à droite en oblique la route Philippe. Traversez la D 231 **(attention à la circulation)** et continuez en face sur la route Philippe. 400 m plus loin, tournez à gauche dans une sente d'où vous avez une belle perspective sur une allée de pins sylvestres. Au second croisement, tournez à droite et continuez tout droit jusqu'à un carrefour. Coupez la route du Grand Condé et poursuivez en face. Bifurquez à gauche dans la prochaine grande allée, route de Penthièvre. Après 150 m, prenez une sente à droite pour retrouver, 500 m plus loin, la route Philippe que vous empruntez à gauche. A son extrémité, laissez le GR 1 à gauche et prenez, à droite, une sente sur le PR des Morins (jaune) dans la route Tournante. Traversez la N 36 et continuez en face sur la route Tournante qui devient très sinueuse. 800 m plus loin, vous arrivez à un embranchement de chemins. Empruntez celui qui part à droite, en épingle à cheveux. Vous êtes à nouveau sur le GR 14 (blanc-rouge). Après 300 m, tournez à gauche dans une petite laie et encore à gauche 500 m plus loin dans la route de Penthièvre. Prenez le premier chemin à droite. Au bout de ce chemin, contournez une mare profonde et tournez à droite pour rejoindre le carrefour de l'Obélisque. Vous pouvez vous détendre sur l'aire de pique-nique et en profiter pour découvrir un petit arboretum (érable sycomore, tilleul, chêne pédoncule, frêne...).

A partir de Meaux

Temps de marche
aller-retour

20 - Sur le plateau briard à Montceaux-les-Meaux   1h10
21 - Les canaux d'Esbly   1h20
22 - La Dhuys à Nanteuil-les-Meaux   1h30
23 - Le Grand Morin à Couilly Pont-aux-Dames   1h40
24 - Meaux : entre ville et canal de l'Ourcq   1h45
25 - Crécy-la-Chapelle : la Venise de la Brie   2h40
26 - Fublaines et l'aqueduc de la Dhuys   2h40
27 - Le canal de l'Ourcq à Varreddes   2h40
28 - La forêt de Montceaux   3h00

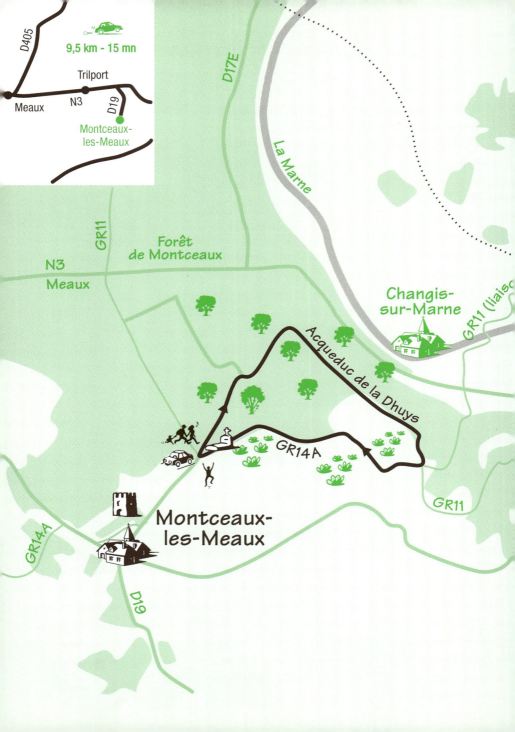

20 - Sur le plateau briard à Montceaux-les-Meaux

 Cimetière de Montceaux-les-Meaux

♟ GR 14 A (blanc-rouge), non balisé

 4 km 1h10

Restaurant, café-épicerie

 A quelques kilomètres de Meaux, une petite boucle facile à l'extrémité de la forêt de Montceaux que vous pourrez prolonger en vous promenant dans le parc du château royal de Montceaux. Construit au XVIe siècle par Catherine de Médicis, le château a été démoli à la Révolution. Mais il subsiste de très belles ruines. A l'entrée du parc, ne manquez pas la chapelle royale et l'ancienne demeure des seigneurs et dames de la Cour.

De Meaux, empruntez la N 3 jusqu'à Trilport puis, 3 km après Trilport, prenez la D 19 à droite jusqu'à Montceaux.

Longez le mur du cimetière sur la gauche. Vous pénétrez dans la forêt de Montceaux où le chêne domine. Au bout de 800 m, vous arrivez sur l'aqueduc de la Dhuys. Vous êtes sur le GR 11 (blanc-rouge). Empruntez l'aqueduc à droite sur 2 km environ. A la jonction entre le GR 11 et le GR 14 A, quittez la Dhuys et empruntez le GR 14 A sur la droite pour remonter sur le plateau. Arrivé sur une route, tournez d'abord à gauche, puis à droite à la première intersection jusqu'à l'orée de la forêt de Montceaux. Vous avez un vaste panorama sur le plateau briard. Tournez ensuite à gauche en lisière jusqu'au cimetière.
De là, vous pouvez rejoindre à pied Montceaux-les-Meaux et les ruines du château en suivant le GR 14 A sur la D 19 (**attention à la circulation**), ou reprendre votre voiture.

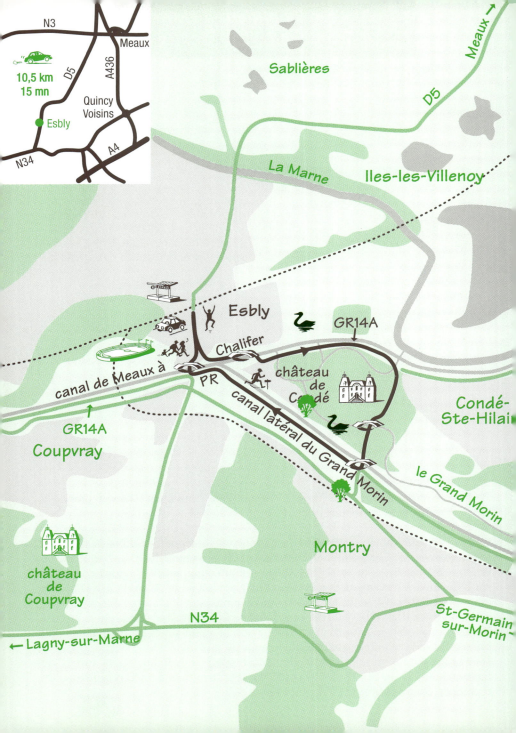

21 - Les canaux d'Esbly

 Gare d'Esbly

 GR 14 A (blanc-rouge), non balisé, PR des Morins

 4,5 km 1h20 (jaune)

Commerces, cafés, restaurants

 Attention, chemin non praticable en période de crue.
Un parcours sans difficulté où vous pourrez prendre le temps d'observer les canards, cygnes, grèbes et autres échassiers au fil de l'eau, le long du réseau de canaux qui entoure Esbly.

De Meaux, prenez le train jusqu'à Esbly ou empruntez la D 5 jusqu'à Esbly. Laissez votre voiture sur le parking de la gare.

A la sortie de la gare, dirigez-vous sur la gauche et tout de suite à droite dans la rue du Général-Leclerc. A son extrémité, traversez une esplanade et rejoignez le chemin de halage du canal de Meaux à Chalifert sur lequel passe le GR 14 A (blanc-rouge). Vous l'empruntez à gauche, puis traversez un joli pont de bois pour continuer à gauche sur l'autre rive. Sur votre droite, vous pouvez vous défouler en faisant les exercices proposés par un parcours de santé. A hauteur des premières maisons de Condé Saint-Hilaire, laissez le GR 14 qui continue le long du canal et tournez à droite, 50 m environ avant d'atteindre une passerelle qui franchit le canal. Le chemin n'est plus balisé. Passez devant le château de Condé, transformé en centre de loisirs, puis continuez dans la rue Victor-Hugo, prolongée par la rue de Montry. Vous rejoignez la D 85. Suivez-la en franchissant le Grand Morin puis le canal latéral du Grand Morin. Tout de suite à droite, prenez un chemin bien ombragé le long du canal. Vous êtes sur le PR des Morins (jaune). Le chemin continue tout droit sous les frondaisons. A son extrémité, empruntez le pont pour rejoindre la rue du Général-Leclerc et la gare.

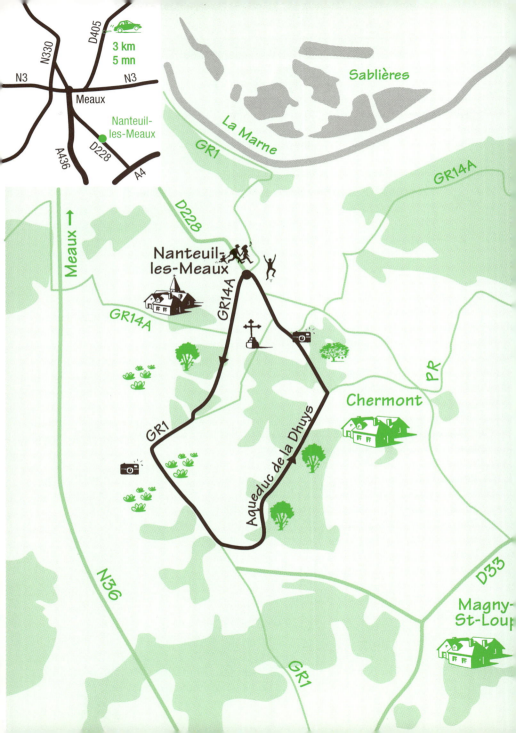

22 - La Dhuys à Nanteuil-les-Meaux

 Place de la mairie

 5 km 1h30

 GR 14 A (blanc-rouge), non balisé, GR 1 (blanc-rouge), PR (jaune)

 Commerces, café

 Un petit parcours très agréable qui emprunte en partie l'aqueduc de la Dhuys et offre de très belles vues sur la vallée de la Marne.

De Meaux, empruntez l'A 436, puis prenez la D 228 à gauche en direction de Truel. Après Truel, continuez jusqu'à Nanteuil-les-Meaux. Garez-vous place de la mairie.

Remontez le rue Benjamin-Brunet sur le GR 14 A (blanc-rouge). Au bout de la rue, quittez le GR qui tourne à droite et continuez tout droit sur un chemin de terre, puis dans un sous-bois. Bifurquez à gauche avant la sortie du bois, puis tournez à droite sur le GR 1 (blanc-rouge) en lisière du bois. Au premier carrefour de chemins, prenez celui de gauche. Sur le plateau, vous avez une très belle vue panoramique sur la vallée. Après 700 m environ, tournez à gauche sur le PR (jaune) au niveau d'un regard de la Dhuys. Le chemin bifurque à gauche, juste avant la route. A un carrefour de chemins, continuez tout droit et passez devant un second regard de la Dhuys. Au prochain carrefour, juste avant d'arriver au hameau de Chermont, tournez à gauche sur un chemin qui descend le long de vergers de pommes. Vous avez une superbe vue plongeante sur le village de Nanteuil et son église et, en arrière-plan, sur la cathédrale de Meaux. Le chemin se poursuit par une route goudronnée. Au bout de la route, empruntez la D 228 à gauche jusqu'au carrefour. Tournez à gauche dans la rue Benjamin-Brunet pour rejoindre la mairie.

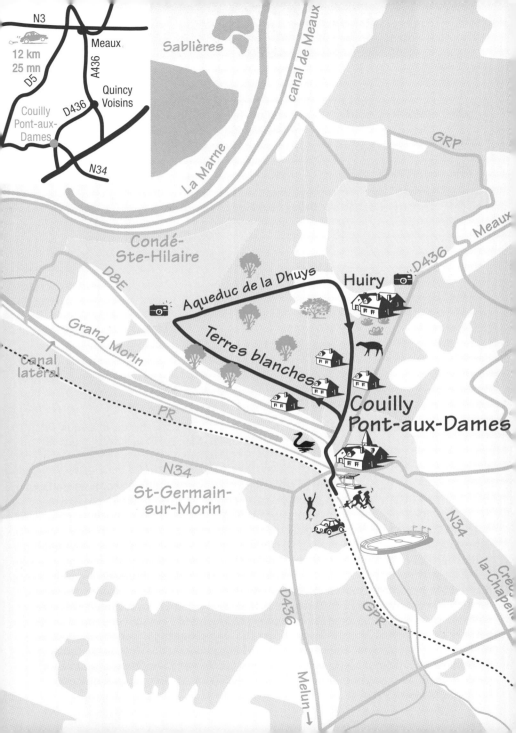

23 - Le Grand Morin à Couilly Pont-aux-Dames

Gare de Couilly Pont-aux-Dames   non balisé

5,5 km 1h40

Commerces, cafés, restaurants

 Cette promenade surplombe la vallée du Grand Morin et vous fait découvrir de superbes panoramas. Vous y aurez un bel aperçu des coteaux briards : bois sur les versants, prés, vergers et cultures sur le plateau. Le tout ponctué de belles maisons.

De Meaux, empruntez l'A 436 jusqu'à l'échangeur de Quincy-Voisins. De là, prenez la D 436 à droite jusqu'à Couilly.

A la sortie de la gare, dirigez-vous à droite et traversez la N 34 **(attention à la circulation)**. Franchissez le Grand Morin où s'ébattent canards et cygnes et empruntez la rive droite. Coupez la D 8 E et prenez, en face, la rue Joseph-Peireire. Au premier carrefour, bifurquez à gauche dans le chemin des Terres Blanches. De ce chemin en balcon, vous profitez de belles échappées sur la vallée. Ce sentier se prolonge par la sente de Couilly et arrive sur l'aqueduc de la Dhuys. Empruntez l'aqueduc sur la droite en une longue montée en pente douce jusqu'au hameau de Huiry sur le plateau. Tournez à droite dans le chemin de Huiry au milieu des prés où paissent des moutons. Laissez le chemin de Saint-Yves à droite et continuez tout droit en descente dans la rue de Huiry bordée de maisons qui dominent la vallée. Vous retrouvez la rue Peireire et le Grand Morin que vous longez à gauche pour rejoindre la gare de Couilly.

24 - Meaux : entre ville et canal de l'Ourcq

 Gare de Meaux   GR 1 (blanc-rouge), non balisé

 6 km 1h45

Commerces, cafés, restaurants

 Cet itinéraire est idéal pour flâner le long du canal de l'Ourcq et découvrir la ville de Meaux, ses vieux quartiers et sa cité épiscopale : la cathédrale Saint-Etienne (XIIe-XVIe siècles), le palais épiscopal qui abrite le musée Bossuet, le Vieux Chapitre et le jardin Bossuet, lieu de promenade fleurie. Sans oublier les remparts gallo-romains que vous pouvez visiter.

En sortant de la gare, dirigez-vous sur votre gauche pour passer sous le pont de chemin de fer. Empruntez la rue de Senlis en direction de Crégy-les-Meaux en prenant soin de rester sur le trottoir de gauche. Au bout de 50 m, engagez-vous à gauche dans une sente goudronnée en montée qui rejoint les bords du canal de l'Ourcq. Vous êtes sur le GR 1 (blanc-rouge). Poursuivez le chemin qui descend sous la passerelle pour suivre le chemin de halage bordé de peupliers, de charmes et de saules. Au pont de Blamont, abandonnez le GR qui bifurque à droite et continuez le long du canal pour rejoindre le pont de Crégy. Restez sur le chemin de halage 50 m au-delà du pont, puis prenez la route du Velours sur votre droite en descente **(attention à la circulation dans le virage au bas de la descente)**. Vous arrivez à l'entrée de Meaux et passez au milieu d'une magnifique allée de tilleuls. Juste après cette allée, vous atteignez une large esplanade, aire de promenades familiales et de jeux d'enfants, récemment aménagée par la ville de Meaux. Vous l'empruntez sur votre droite jusqu'à l'extrémité d'un grand immeuble. Sur la droite, une sente permet de rejoindre une rue qui débouche dans la rue de Senlis. Repassez sous le pont de chemin de fer et retrouvez la gare.

25 - Crécy-la-Chapelle : la Venise de la Brie

 Parking de l'hôtel de ville   GR 1 (blanc-rouge), non balisé

 9 km 2h40

Commerces, cafés, restaurants

 Avec ses vestiges de remparts, ses multiples canaux baptisés brassets qui serpentent dans la ville et ses magnifiques demeures du XVIIe siècle qui appartenaient aux riches tanneurs, Crécy-la-Chapelle mérite bien son nom de "Venise de la Brie". Ne quittez pas les lieux sans avoir visité, à La Chapelle-sur-Crécy, l'une des plus belles églises gothiques, la collégiale Notre-Dame (XIIIe-XVe siècles).

De Meaux, empruntez l'A 436 jusqu'à l'échangeur de Meaux, puis rejoignez l'échangeur de Crécy par l'A 4 et prenez la N 34 à gauche jusqu'à Crécy. Garez-vous sur le parking de l'hôtel de ville.

Passez derrière l'hôtel de ville, traversez une passerelle et suivez le GR 1 (blanc-rouge) sur la droite, le long du canal jusqu'à la porte de la Chapelle. Les ruines de tours médiévales jalonnent le parcours. Traversez à droite le Fossé-de-la-Ville, puis obliquez à gauche dans la rue Jean-de-Compans qui franchit un brasset, la "Petite-Rivière". Poursuivez par la rue du Barrois. A gauche, la rue de Penthièvre traverse un brasset où vous pouvez apercevoir une roue de moulin. Prenez la rue Dam'Gilles. (Au n° 28, le chemin de ronde mène au quai des Tanneries.) Franchissez le Morin sur le pont Dam'Gilles. Au carrefour, prenez à gauche la D 20 puis grimpez à droite sur le plateau. En vous retournant vous apercevez la Chapelle-sur-Crécy. 50 m après l'arrivée sur le plateau, tournez à droite jusqu'au premier carrefour. Prenez à gauche le chemin qui se dirige vers le bois. Descendez le raidillon dans les sous-bois jusqu'à la D 20 que vous empruntez à gauche. Franchissez le Morin à droite pour entrer dans Serbonne. Quittez le GR 1 après l'ancien moulin à cylindre. Tournez à gauche dans le chemin de l'Epinette, non balisé. Longez le chemin le long des champs puis dans un sous-bois, jusqu'à un camping. A la sortie du camping, continuez tout droit sur la route goudronnée. Vous arrivez à la collégiale de La Chapelle-sur- Crécy. Prenez la N 34 sur environ 500 m. Arrivé au niveau de la piscine, tournez à gauche puis empruntez à droite le chemin qui longe le Morin jusqu'à Crécy-la-Chapelle. Traversez la route et reprenez le chemin qui longe le canal et vous ramène à l'hôtel de ville.

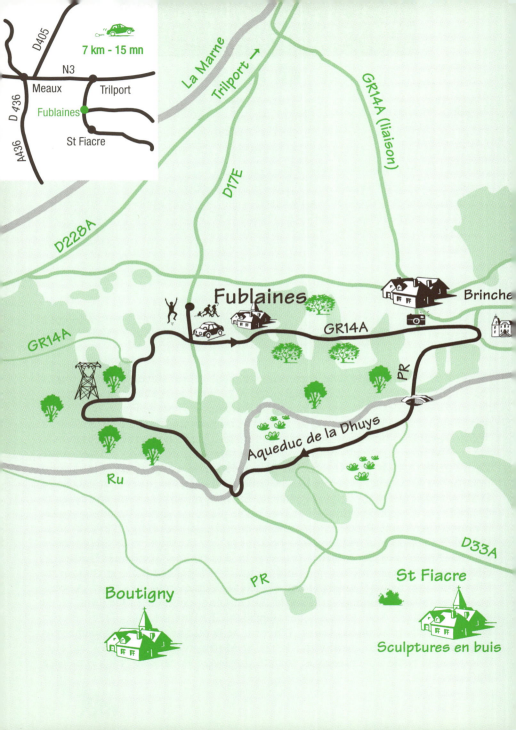

26 - Fublaines et l'aqueduc de la Dhuys

 Place Jean-Cateigne (parking derrière l'église)

 9 km 2h40

 GR 14 A (blanc-rouge), PR (jaune), GR 14 A (blanc-rouge)

 Café-épicerie

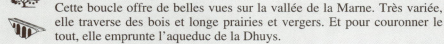
Cette boucle offre de belles vues sur la vallée de la Marne. Très variée, elle traverse des bois et longe prairies et vergers. Et pour couronner le tout, elle emprunte l'aqueduc de la Dhuys.

De Meaux, empruntez la N 3 jusqu'à Trilport, puis la D 17 E sur la droite jusqu'à Fublaines. Garez-vous derrière la place Jean-Cateigne.

Prenez à gauche la direction de Saint-Fiacre sur la D 17 E. A la sortie de Fublaines, tournez à gauche dans le chemin du Trou Berger. Vous êtes sur le GR 14 A (blanc-rouge). Au niveau d'un décrochement du chemin, restez sur le GR qui longe les vergers. De là, vous avez une superbe vue sur la vallée. A une intersection, laissez le GR sur la gauche et continuez tout droit dans un sentier étroit et ombragé jusqu'à l'entrée du château de Brinches. Empruntez la D 33 sur la droite sur 50 m. Vous êtes sur un PR (jaune). Tournez dans le premier chemin à droite d'où vous avez une beau point de vue sur Saint-Fiacre. Au bout de ce chemin, tournez à gauche. Longez un ouvrage d'art qui protège les canalisations de la Dhuys puis engagez-vous sur l'aqueduc après le passage interdit. Quittez la Dhuys 1 km plus loin pour prendre un chemin à droite en descente jusqu'à un ru. Tournez à gauche pour rejoindre la route de Fublaines à Saint-Fiacre. Prenez la direction de Fublaines à droite sur 300 m, puis obliquez à gauche dans un chemin en montée. Restez sur celui-ci jusqu'à une ligne à haute tension. Suivez la ligne à droite et tournez encore à droite à la première intersection. Le chemin continue en lisière entre les bois et les champs et débouche sur le GR 14 A (blanc-rouge) que vous empruntez à droite. Après plusieurs virages, vous arrivez dans la rue de l'Eglise. Laissez le GR en face et tournez à gauche pour retrouver la place Jean-Cateigne.

27 - Le canal de l'Ourcq à Varreddes

 Place de l'église de Varreddes

9 km 2h40

 PR (jaune),
GR 1 B (blanc-rouge),
non balisé, PR (jaune)

 Les amateurs de vastes plaines seront comblés. Mais il y en a pour tous les goûts sur ce parcours qui emprunte aussi de jolis chemins creux dans les sous-bois et le chemin de halage le long de l'Ourcq.

De Meaux, empruntez la D 405 jusqu'à Varreddes. Garez-vous sur la place de l'église.

Empruntez la D 121, en direction du cimetière et tournez dans le premier chemin à gauche. Vous êtes sur un PR (jaune). Arrivé sur la D 405, traversez-la et empruntez-la à droite. Franchissez le pont sur l'Ourcq et prenez le GR 1 B (blanc-rouge) tout de suite à gauche. Longez le canal de l'Ourcq et 100 m plus loin, continuez sur le GR qui bifurque à droite. Au niveau d'une fourche, empruntez le chemin de droite. Pénétrez dans le sous-bois par un chemin creux qui grimpe légèrement. A la sortie du bois, tournez à gauche sur le plateau. Au bout de 700 m environ, suivez le premier chemin à gauche qui se dirige vers les bois (attention, pas de marques de balisage). Longez le bois et descendez à gauche pour rejoindre la D 97. Empruntez la départementale à droite et prenez le premier sentier à gauche. Le chemin longe le bois sur la gauche et se poursuit dans la plaine. Sur la gauche, vous avez une très belle vue plongeante sur la vallée de la Marne. Au premier carrefour de chemins, prenez celui de gauche qui descend vers les bois et quittez le GR. Vous atteignez la D 405 que vous suivez à gauche. Après le pont, tournez à gauche sur le chemin de halage le long de l'Ourcq. Passez devant l'écluse de Varreddes. Tout de suite après se trouve une aire de pique-nique. Traversez la D 97 et continuez tout droit sur le chemin de halage. Au pont de la Maladrerie, rejoignez la D 405 que vous empruntez à droite. Tournez à gauche dans le chemin de la Couture l'Evêque sur le PR (jaune). Au bout du chemin, tournez à droite dans la D 121 pour rejoindre la place de l'église.

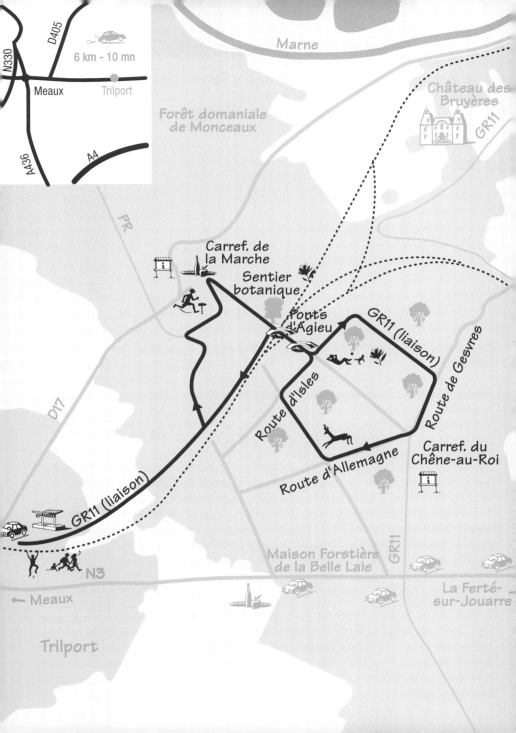

28 - La forêt de Montceaux

 Gare de Trilport   GR 11 (blanc-rouge)

 10 km 3h00

Commerces, cafés, restaurants.

 Constituée à la Révolution, la forêt domaniale de Montceaux couvre 685 hectares. La richesse de ce massif provient des couches géologiques : calcaire, sable et argile. On y trouve des hêtres, tilleuls, chênes, frênes, trembles, châtaigniers, bouleaux... et une flore variée : ancolies, campanules, raiponces..., sans oublier de nombreuses espèces de champignons. La faune y est riche également : chevreuils, sangliers, cerfs et oiseaux.

De Meaux, empruntez la N 3 jusqu'à Trilport ou prenez le train de Meaux à Trilport.

De la gare, prenez le diverticule du GR 11 (blanc-rouge) en franchissant le pont de chemin de fer sur la droite. Tout de suite après, empruntez la rue à droite derrière la gare qui se prolonge en sentier et s'infléchit à gauche pour pénétrer dans la forêt de Montceaux. Vous débouchez sur une large allée, la route de Belle Laie. Empruntez-la à gauche sur 300 m environ puis tournez à droite dans un layon. Au bout, prenez à gauche la laie de Dancy sur 200 m, puis tournez à droite. Vous rejoignez la route forestière de la Marche qui vous mène, à gauche, au carrefour de la Marche. A cet endroit, vous trouverez une aire de pique-nique, un parcours de santé et un sentier botanique créé par les jeunes éclaireurs de Nanteuil-les-Meaux en 1986. Prenez la première route forestière de Germigny à Saint-Jean, à angle aigu à droite. Traversez les ponts d'Agieu au-dessus des voies ferrées et tournez à gauche dans la première allée, route d'Isles, en légère montée. A la prochaine intersection, empruntez la route de Sarpajou à droite qui rejoint le GR 11 au bout de 750 m. Tournez à droite dans la route de Gesvres jusqu'au carrefour du Chêne du Roi, puis prenez à droite en oblique la route d'Allemagne. A la première intersection, tournez à droite dans la longue route de la Marche. Au bout de 600 m, vous retrouvez la route d'Isles qui vous ramène jusqu'au carrefour avec la route de Germigny à Saint-Jean. Franchissez de nouveau les ponts d'Agieu à gauche et prenez, à gauche, parallèlement à la voie de chemin de fer, un étroit chemin que vous suivez jusqu'au diverticule du GR 11 et la gare de Trilport.

A partir de La Ferté-sous-Jouarre

	Temps de marche aller-retour
29 - Chézy entre Marne et Dolloir	1h00
30 - Sur la trace des écrivains de Saint-Cyr-sur-Morin	1h10
31 - L'Albine à Montreuil-aux-Lions	1h20
32 - La vallée de la Marne vue de Crouttes	1h20
33 - Bonneil en Champagne	1h30
34 - Coulommiers et le parc des Capucins	1h40
35 - Les jardins fleuris de Viels Maisons	1h40
36 - L'abbaye de Jouarre	1h45
37 - Sablonnières : entre pâturages et vergers	1h45
38 - Les vergers de pommes de Villeneuve-sur-Bellot	1h50
39 - La forêt de Choqueuse	1h50
40 - Orly-sur-Morin : la vallée du Petit Morin	2h00
41 - Bellot : le chemin des tocards	2h00
42 - Le Morin à Pommeuse	2h10
43 - Mauperthuis le pays de l'Aubetin	2h10
44 - La Marne à Sainte-Aulde	2h15
45 - Le Monument américain de Château-Thierry	2h20
46 - La boucle de Chamigny	2h20
47 - Saâcy-sur-Marne entre vallée et aqueduc	2h30
48 - La Ferté-sous-Jouarre entre Brie et Orxois	2h30
49 - Autour de Jouy-sur-Morin	2h40
50 - La boucle de Boissy-le-Châtel	2h40
51 - Les sentes de Château-Thierry	2h40
52 - La forêt de Malvoisine	2h40

29 - Chézy entre Marne et Dolloir

 Place de la mairie de Chézy   non balisé

 3,5 km 1h00

Commerces, cafés, restaurant

Attention, chemin non praticable en période de crue du Dolloir.

Cette courte promenade offre de très belles vues sur le pittoresque village de Chézy, son église (XIe-XIIe siècles), les vallées de la Marne et du Dolloir. L'itinéraire emprunte en grande partie l'aqueduc souterrain de la Dhuys, construit en 1864, à la demande de Napoléon III. L'eau y coule en pente de 10 cm par kilomètre sur une longueur de 132 km. De la source Pagny-la-Dhuys au réservoir de Ménilmontant dans le XXe arrondissement de Paris, l'aqueduc alimente la population de la région parisienne.

De La Ferté-sous-Jouarre, empruntez la D 402 jusqu'à Crouttes, puis prenez la D 969 jusqu'à Azy-sur-Marne. A Azy, tournez à droite dans la D 151 jusqu'à Chézy. Garez-vous sur la place de la mairie.

Empruntez la rue semi piétonne. A son extrémité, tournez à droite et passez devant l'église surmontée d'un remarquable clocher du XVIe siècle. Traversez la D 15 et prenez le chemin creux qui monte en face. Au bout de 400 m, vous arrivez sur la petite route de la ferme Proslins que vous suivez à gauche. 200 m plus loin, vous rejoignez l'aqueduc de la Dhuys. Arrêtez-vous pour profiter du vaste panorama sur les méandres de la Marne et les vignobles champenois d'Azy-sur-Marne à Château-Thierry. Empruntez l'aqueduc de la Dhuys sur la gauche et, au niveau d'un regard, abordez une brève mais raide descente pour franchir la D 15, puis le Dolloir sur un passage à gué **(tenez la main des enfants tout le long de la descente).** Remontez légèrement sur la droite dans un chemin qui grimpe en lacet. En haut de cette grimpée, longez la vigne sur la gauche d'où vous voyez Chézy. Coupez un petit chemin de pierre et quand l'aqueduc redescend, quittez-le à mi-pente pour emprunter un chemin goudronné sur la gauche, en direction de Chézy. Débouchez dans la rue du Paradis, poursuivez dans la rue des Faubourgs bordée de maisons briardes construites en meulière et gros plâtre. Après avoir traversé un joli petit pont de pierre sur le Dolloir, vous arrivez sur la place des Faubourgs. Sur votre droite se dresse une tour de pierre, seul témoignage de l'enceinte fortifiée du bourg. Continuez dans la rue des Carmes, puis la rue semi piétonne jusqu'à la place de la mairie.

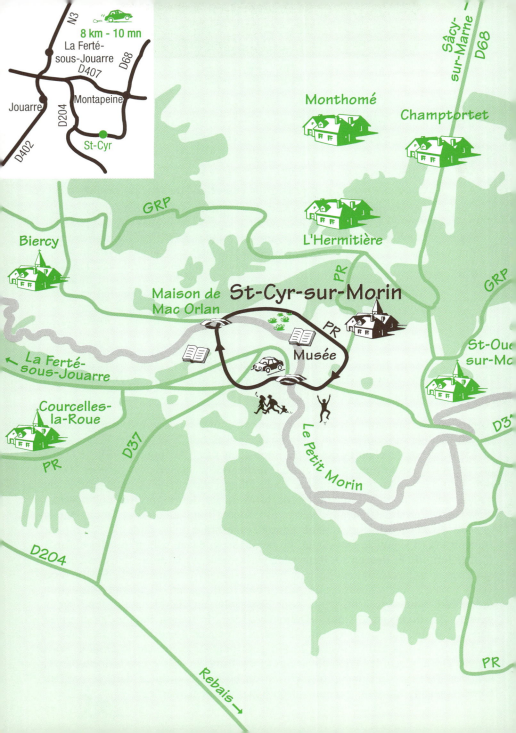

30 - Sur la trace des écrivains de Saint-Cyr-sur-Morin

 Place de l'église de Saint-Cyr

 PR des Morins (jaune), non balisé

 4 km 1h10

 Commerces, café

 Pierre Mac Orlan vécut quarante ans à Saint-Cyr-sur-Morin, au hameau des Archets, où il écrivit la majeure partie de son œuvre. Vous pouvez visiter sa maison, transformée en musée, ainsi que le musée des pays de Seine-et-Marne de Saint-Cyr qui retrace la vie rurale locale.

De La Ferté-sous-Jouarre, empruntez la D 407 jusqu'à Montapeine, puis prenez la D 68 à droite jusqu'à Saint-Cyr. Garez-vous sur la place de l'église.

Montez la rue E. Daumont puis traversez la D 37 pour vous engager en face sur une route étroite. Vous êtes sur le PR des Morins (jaune). Cette route en descente traverse la D 31, passe par le hameau de Brise-Bêche où vous pouvez voir, sur la gauche, l'ancienne auberge de l'Oeuf Dur à la façade rouge. Cette auberge fut le lieu de rendez-vous des artistes montmartrois au début du siècle, ce qui explique le jumelage de Saint-Cyr avec la république de Montmartre. Franchissez le Petit Morin et rejoignez le hameau des Archets. La maison de l'écrivain Pierre Mac Orlan est située à 300 m à gauche après le pont. Le sentier part à droite dans une voie sans issue. Continuez sur un chemin herbeux et, au niveau des courts de tennis, quittez le PR et tournez à droite pour rejoindre la N 31 par la rue des Rosettes. Empruntez à droite l'avenue Daniel-Simon, passez devant la nouvelle mairie, sur le Petit Morin et retrouvez la place de l'église.

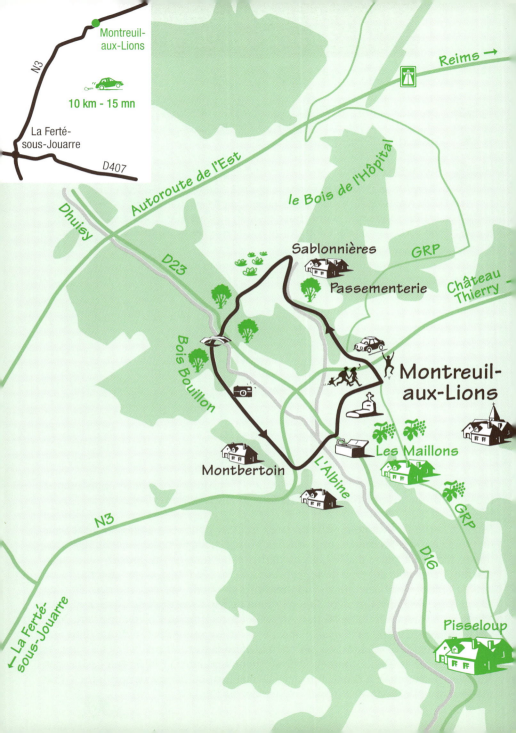

31 - L'Albine à Montreuil-aux-Lions

 Place de la mairie

 GR de pays de l'Omois (jaune-rouge), non balisé

 4,5 km 1h20

Commerces, café, restaurant

 Tout en montées et en descentes, cette petite balade traverse de jolis bois, serpente le long de l'Albine et offre de belles perspectives sur le village et l'église (XIIIe-XVIe et XVIIe siècles) de Montreuil-aux-Lions où régna l'Ordre des Templiers.

De La Ferté-sous-Jouarre, empruntez la N 3 jusqu'à Montreuil-aux-Lions. Garez-vous sur la place de la mairie.

Traversez la N 3, empruntez-la à gauche sur une vingtaine de mètres, puis prenez à droite une sente étroite entre deux murs. Vous êtes sur le GR de pays de l'Omois (jaune-rouge). Vous découvrez les sombres ravines du ru de l'Arche que vous franchissez. A la première intersection, laissez le GRP à droite et continuez tout droit sur un agréable sentier ombragé qui suit le cours de l'Albine. Traversez un pont fait de gros blocs de pierre et reprenez le chemin sur la rive droite de l'Albine qui vous mène au hameau de Sablonnière. Vous apercevez à droite une passementerie, dernier vestige d'une longue tradition de tissage à Montreuil. Dans le hameau, prenez à gauche la rue de l'Abîme, puis à nouveau à gauche la rue principale. Au bout de 500 m, à hauteur de la rue du Chanois, quittez la route et empruntez le chemin qui longe le mur d'une propriété. Vous apercevez un terrain de foot à gauche. Continuez sur le chemin qui descend abruptement jusqu'à la D 16 que vous traversez. Vous êtes dans le bois Bouillon. Franchissez un petit pont et bifurquez dans le premier chemin à gauche. A la sortie du bois, vous avez une très belle vue sur le village et l'église de Montreuil. Prenez un chemin à gauche qui se prolonge par une petite route goudronnée entre les maisons du lieu-dit Les Poncets. Vous atteignez la N 3 que vous traversez pour prendre en face une petite route qui descend en forte pente. Vous pouvez admirer sur votre droite une belle demeure du XVIIIe siècle et un lavoir. En bas de la descente, continuez tout droit et franchissez un pont au-dessus de l'Albine. Le chemin remonte vers la D 16 que vous empruntez quelques mètres à gauche. Prenez la rue du Petit Paris à droite qui monte raide jusqu'à la place de l'église. Reprenez votre souffle et dégringolez la ruelle des Ecoles sur votre gauche. Vous rejoignez la N 3 et la place de la mairie, 50 m à droite.

32 - *La vallée de la Marne vue de Crouttes*

 Place de la mairie de Crouttes   non balisé

 4,5 km 1h20

Café-épicerie

 Une belle balade pour découvrir, de haut, la vallée de la Marne et ses vignobles champenois.

De La Ferté-sous-Jouarre, empruntez la D 402 jusqu'à Crouttes. Garez-vous place de la mairie.

Grimpez les escaliers, à gauche pour passer dans une petite sente. Au bout d'une vingtaine de mètres, tournez à droite, puis à gauche et débouchez dans la rue de Bézu-le-Guéry. Prenez, en face, la rue des Frénagants. Au premier croisement, empruntez la route qui grimpe sur la droite. Au niveau d'un calvaire, prenez le chemin de pierre bordé d'arbustes qui monte sur la gauche. Rejoignez une route et continuez jusqu'à une fourche de chemins. Prenez celui qui monte à droite. De là, vous avez une superbe vue sur la vallée de la Marne. Au bout de 50 m, empruntez à droite un chemin en balcon sur environ 1 km. Les échappées sur la Marne et le village de Crouttes sont magnifiques. Ce chemin se termine en descente sur la rue de Bézu-le-Guéry. Continuez sur la gauche jusqu'à la sortie du premier virage et bifurquez à droite dans une sente herbeuse qui descend dans le village. Traversez la rue de la Couarde et prenez la rue de l'Eglise en face. Contournez l'église romane par la gauche, le long du cimetière. Vous arrivez sur une terrasse d'où vous avez un joli point de vue sur la vallée. Descendez à gauche jusqu'à la D 969, traversez-la et tournez à droite **(attention à la circulation)**. Au bout de 50 m, tournez à gauche dans un chemin en forte pente qui borde des jardins. Au premier croisement de chemins, continuez en face, puis à droite et enfin à gauche pour rejoindre le chemin de halage de la Marne. Vous apercevez le village de Crouttes en surplomb. Longez la Marne sur 500 m à droite et, au niveau d'une borne, revenez sur Crouttes en prenant la rue du Gué à droite. Arrivé sur une place, tournez à gauche dans la rue de la Marne et au niveau du n° 19, prenez une sente très étroite à droite sous une maison. Elle débouche sur la D 969 que vous traversez pour prendre une sente très sombre en face, au niveau du n° 33. Au bout de la sente, montez les escaliers et tournez à droite pour rejoindre la place de la mairie.

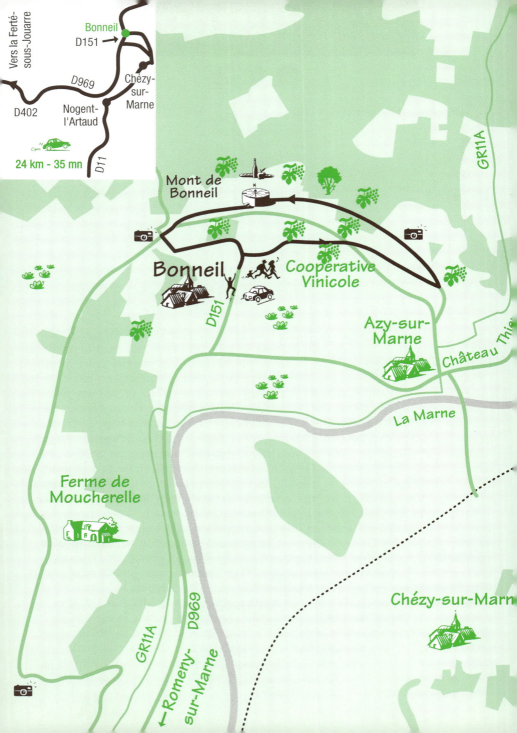

33 - Bonneil en Champagne

 Mairie de Bonneil non balisé

5 km 1h30

Vous voilà au cœur d'un paysage champenois typique, avec ses coteaux viticoles qui dominent la vallée de la Marne. Cet itinéraire vous emmène sur les hauteurs d'où vous aurez de belles perspectives sur le mont de Bonneil (182 m) et ses environs. Avant de quitter Bonneil, jetez un coup d'œil à son église (XIIIe siècle) et passez par la coopérative (visites sur demande) pour faire vos réserves de Champagne.

De La Ferté-sous-Jouarre, empruntez la D 402 qui se prolonge par la D 969. 4 km après le village de Romény-sur-Marne, tournez à gauche sur la D 151 jusqu'à Bonneil. Garez-vous sur la place de la mairie.

Passez devant l'église. Après les dernières maisons du village, empruntez à droite le premier chemin de vigne. 350 m plus loin, un décrochement, d'abord à droite puis à gauche, vous permet de continuer sur un chemin qui traverse la route d'Azy-sur-Marne au mont de Bonneil. A l'intersection d'un large chemin, tournez à gauche en montée. Prenez le deuxième chemin de pierre à droite entre les parcelles de vignes. De là, la vue sur la vallée devient superbe. Traversez un petit bois et tournez à gauche 300 m plus loin dans un chemin bétonné qui descend jusqu'à la table d'orientation. Profitez-en pour admirer le paysage et particulièrement le mont de Bonneil. Prenez à droite un chemin herbeux longeant les vignes en direction du mont de Bonneil. Vous déboucherez sur la route que vous empruntez sur une centaine de mètres. Au premier carrefour, descendez à gauche. Laissez un premier chemin à gauche et prenez le deuxième qui plonge sur Bonneil après un long virage à droite. Rejoignez la place de la mairie.

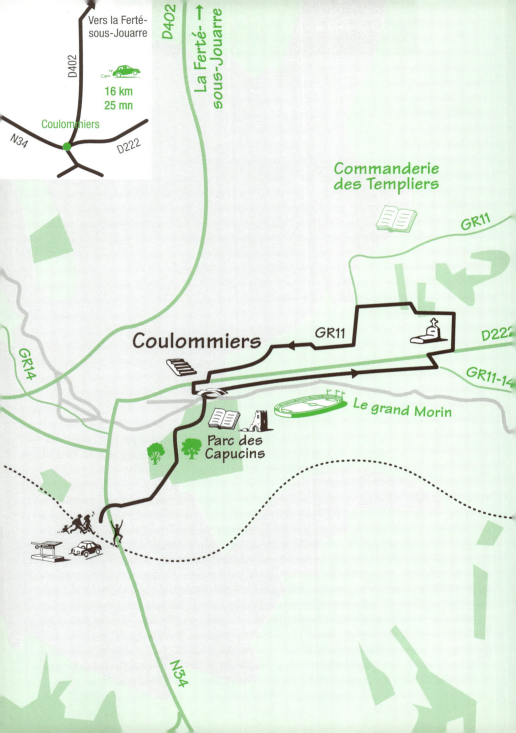

34 - Coulommiers et le parc des Capucins

 Gare de Coulommiers

 5,5 km 1h40

 GR 11 (blanc-rouge), non balisé, GR 11 (blanc-rouge)

Commerces, cafés, restaurants

 Cette balade vous emmène au cœur de la ville, dans le parc des Capucins qui abrite les ruines du château (XVIIe siècle) et la chapelle des Capucins où la ville a installé son musée. Vous cheminerez sur les bords romantiques du Grand Morin et, en reprenant votre voiture, vous pourrez aller visiter dans la ville haute, la Commanderie des Templiers (XIIe siècle).

Prenez le train jusqu'à Coulommiers ou, de La Ferté-sous-Jouarre, empruntez la D 402.

En sortant de la gare, prenez la rue Marcel-Clavier et traversez un pont au-dessus de la Fausse Rivière. Vous rejoignez le GR 11 (blanc-rouge) pour pénétrer dans le parc des Capucins, au milieu des arbres centenaires et des ruines du château. A la sortie du parc, franchissez le pont au-dessus du Grand Morin et tournez à droite pour vous engager sur les promenades du bord de l'eau sur 1,5 km. Avant d'atteindre le hameau de Pontmoulin, quittez le GR et tournez à gauche pour aboutir sur la D 222 au niveau du cimetière. Prenez le sentier qui longe le mur du cimetière à droite, puis à gauche et qui se poursuit en sente étroite au milieu des jardins. Vous débouchez dans la rue Verte et rejoignez le GR 11. Empruntez la rue Verte à gauche sur 150 m. Tournez à droite dans une sente étroite jusqu'aux escaliers qui vous permettent d'accéder à l'avenue de Rebais sur la D 222. Traversez-la au feu à droite et bifurquez ensuite à gauche de l'église pour retrouver le pont sur le Grand Morin, puis le parc des Capucins et la gare.

35 - *Les jardins fleuris de Viels Maisons*

 Place du Marché à Viels Maisons non balisé, PR des Morins (jaune), non balisé

 5,5 km 1h40

Commerces, cafés, restaurant

 Une ambiance très rurale entre prés, champs, bois et vergers avec de belles échappées sur les coteaux du vallon et la vallée du Petit Morin. Viels Maisons possède un écrin : des jardins fleuris que l'on peut visiter, près de l'église romane (XIe siècle). Sans oublier son château de style Empire, son parc dessiné au XVIIe siècle et ses jardins à la Française et à l'Anglaise.

De La Ferté-sous-Jouarre, empruntez la D 407 jusqu'à Viels Maisons. Garez-vous place du Marché.

Prenez une ruelle à droite dans la direction de la place de l'Eglise (entrée des jardins). A l'extrémité de la ruelle, tournez à gauche dans la D 15 le long du mur d'enceinte d'un parc, dans la rue des Barres. Quittez la D 15 et empruntez la route de Torailles en face, en légère montée. Laissez la route de Vallery sur la droite. Sur le plateau, bifurquez à gauche sur le PR des Morins (balisé jaune sur la route). Le sentier aborde une longue courbe avant d'arriver à un carrefour. Laissez le PR à droite et tournez à gauche dans un chemin non balisé. A l'orée du bois, prenez à droite, puis engagez-vous sur un chemin herbeux à gauche, 60 m avant la route principale qui traverse Viels Maisons. Restez sur ce sentier, passez devant le château et les anciennes écuries et rejoignez la place du Marché.

36 - L'abbaye de Jouarre

 Place Auguste-Tinchant à Jouarre non balisé,
GRP (jaune-rouge),
6 km 1h45 GR 11 (blanc-rouge),
non balisé

Commerces, cafés, restaurants

 Un parcours champêtre avec de belles échappées sur la vallée du Petit Morin. Jouarre est aussi un joyau d'architecture. Profitez-en pour visiter l'abbaye Notre-Dame de Jouarre fondée en 630, sa tour du XIIe siècle et ses bâtiments du XVIIIe siècle qui abritent toujours des Bénédictines. Un peu plus loin, allez voir la crypte mérovingienne du VIIe siècle ainsi que le musée briard.

De La Ferté-sous-Jouarre, empruntez la D 402 jusqu'à Jouarre. Garez votre voiture sur la place Auguste-Tinchant.

Prenez la direction de l'église en empruntant la rue du Petit Palais. Vous apercevez à droite l'abbaye de Jouarre. Prenez la rue de la Pierre sur la gauche et empruntez la première ruelle à droite. Traversez l'aqueduc de la Dhuys. Laissez le chemin sur la gauche et continuez à descendre tout droit. Pénétrez dans un sous-bois sur un chemin de pierre. Au carrefour, continuez tout droit et suivez le balisage du GR de pays des Morins (jaune-rouge). **Attention, la descente est assez raide sur 50 m environ.** La vue sur la vallée du Petit Morin et sur Courcelles-sous-Jouarre est superbe. Arrivé au moulin de Comporté qui n'est plus en activité, tournez à droite dans un chemin qui longe des vergers et des pâturages. 800 m plus loin, tournez à droite jusqu'à la route de Courcelles à Jouarre. Empruntez cette route à gauche en direction de Courcelles sur environ 30 m. Tournez à droite dans un chemin goudronné et prenez tout de suite à gauche en suivant le balisage jaune-rouge. Au croisement de la Dhuys, continuez tout droit et au carrefour, prenez à droite le GR 11 (blanc-rouge) dans le sous-bois. Vous atteignez une route que vous empruntez à gauche sur 50 m environ. Quittez le GR 11 et tournez à droite pour rejoindre les premières maisons de Jouarre. Au bout du chemin, prenez la rue de la Pierre à droite pour retrouver la place de Jouarre. Vous pouvez prolonger la balade en reprenant la route de La Ferté-sous-Jouarre jusqu'au château de Venteuil et vous reposer sur le banc de Napoléon pour admirer la vue sur les vallées de la Marne et du Petit Morin.

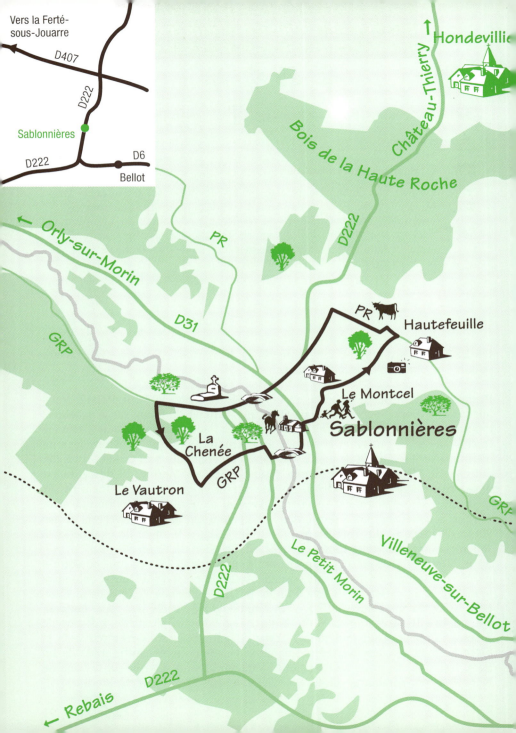

37 - Sablonnières : entre pâturages et vergers

 Place de l'église de Sablonnières

6 km 1h45

 PR (jaune), GR de pays des Morins (jaune-rouge), PR (jaune)

Un chemin bucolique entre pâturages et vergers de pommes et toujours de belles vues sur la vallée du Petit Morin. A côté de l'église de Sablonnières (XIIe-XIIIe siècles), vous pourrez admirer l'ancienne conciergerie du château.

De La Ferté-sous-Jouarre, empruntez la D 407 jusqu'à La Butte Rouge puis prenez à droite la D 222 jusqu'à Sablonnières. Garez-vous sur la place de l'église.

Traversez la D 31 et empruntez en face la C 7 sur le PR (jaune). Tournez à gauche dans la rue montant au Montcel et continuez tout droit dans la rue d'Hondevilliers. Quittez la rue d'Hondevilliers et prenez la route qui tourne à droite et se prolonge par un chemin herbeux. A une fourche, empruntez le chemin de gauche. A la sortie d'un petit sous-bois, laissez le chemin qui descend à gauche et continuez tout droit le long d'un champ. Au lieu-dit de Hautefeuille, ne ratez pas la vue sur la vallée du Petit Morin. Au bout du chemin, tournez à gauche en suivant le PR, le long d'un mur. A la fin de la descente, tournez à gauche dans un chemin parallèle à la route. Vous arrivez sur la D 222. Empruntez-la sur la gauche, traversez la D 31 et continuez sur la D 222. Franchissez le Petit Morin. Sur la gauche, vous pouvez voir l'enclos à chevaux du haras de la Chenée. Au panneau indiquant la Chenée, tournez tout de suite à droite en face du cimetière sur un sentier qui longe des vergers de pommes. Tournez à gauche dans le GR de pays des Morins (jaune-rouge). Au carrefour, traversez l'ancienne voie de chemin de fer du sud de l'Aisne et continuez tout droit. Le chemin grimpe vers le hameau Le Vautron. A l'entrée du hameau, tournez à gauche, puis encore à gauche en suivant le GRP qui plonge vers la Chenée, le long des vergers de pommes. Traversez la D 222 et continuez tout droit jusqu'au haras de la Chenée. Empruntez la route à droite, puis à gauche une passerelle métallique. Traversez le Petit Morin sur un joli pont de pierre. Après le pont, continuez tout droit en laissant le GRP sur la droite. Tournez à gauche sur le PR (jaune). Empruntez la route des Brodards et rejoignez la place de l'église.

38 - Les vergers de pommes de Villeneuve-sur-Bellot

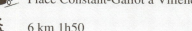

 Place Constant-Gallot à Villeneuve

 PR (jaune), non balisé, GR 14 (blanc-rouge), GR de pays des Morins (jaune-rouge), PR (jaune)

6 km 1h50

 Au début du siècle, vous auriez fait cette promenade au cœur du vignoble. Le phylloxéra en a décidé autrement et c'est au milieu des vergers de pommes à cidre que vous découvrirez la vallée du Petit Morin. A Villeneuve, n'oubliez pas de jeter un coup d'œil à l'église (XIIe-XVe siècles) et aux ruines du prieuré Notre-Dame.

De La Ferté-sous-Jouarre, empruntez la D 407 jusqu'à Viels Maisons, puis prenez à droite la D 15 qui se prolonge par la D 6 jusqu'à Villeneuve. Garez-vous place Constant-Gallot.

Empruntez le PR (jaune) qui part à gauche de la boucherie dans la rue de l'Abreuvoir. Tournez à gauche vers la rue du Pont et franchissez le Morin. Empruntez en face la rue de l'Orme-Rond et tournez dans la rue du Geai, à gauche. La rue se poursuit par un chemin de terre qui n'est plus balisé. Continuez tout droit jusqu'au domaine de la Fée. Là s'élève une drôle de tour en brique datant du siècle dernier qui servait à surveiller les ouvriers à l'époque où les lieux étaient couverts de vignes. Faites un petit crochet vers le pont de pierre qui traverse le Petit Morin et prenez un sentier à gauche descendant vers la rive. Idéale pour un pique-nique. Après cette halte, remontez sur le chemin du domaine de la Fée que vous suivez tout droit. Le chemin se poursuit par une petite route goudronnée. Suivez la route et rejoignez le GR 14 (blanc-rouge) que vous empruntez sur 500 m environ en direction de Verdelot. Tournez à gauche sur le GR de pays des Morins (jaune-rouge). Suivez la D 6 à gauche et prenez tout de suite à droite une sente qui longe l'arrière d'un ancien prieuré. Dans le hameau du Prieuré, suivez la route à gauche et, au premier virage, poursuivez par le chemin goudronné menant à l'Egrefin. Dans un virage, engagez-vous à gauche dans une sente privée (n'oubliez pas de refermer les barrières placées pour le bétail en été). A une croisée de chemins, descendez à gauche vers un bois. A la sortie du bois, après une villa, prenez à gauche la rue de la Fontaine jusqu'à une intersection. Le GR de pays tourne alors à droite. Poursuivez la descente sur le PR (jaune) jusqu'à la rue de Rocmont, puis la rue de la Miche qui vous ramène place Constant-Gallot.

39 - La forêt de Choqueuse

 Lieu-dit "La Fringale"   PR (jaune)

 6,5 km 1h50

 Si vous aimez les balades en forêt, vous apprécierez celle de Choqueuse, très bien entretenue par l'ONF. Et si vous êtes un adepte du vélo, vous serez comblé : les allées plates et larges sont parfaitement adaptées à la Petite Reine.

De La Ferté-sous-Jouarre, empruntez la D 402 jusqu'au lieu-dit "La Fringale".

Une aire de pique-nique à La Fringale indique le départ du parcours. Prenez le PR (jaune) sur la route des Abbesses pendant 1,5 km puis, à droite, la route du Batardeau. Continuez tout droit pendant environ 1,5 km jusqu'à la route Neuve que vous empruntez à droite. Poursuivez sur cette route et, 1 km plus loin, prenez en oblique à droite la route Montmorin. Suivez-la sur 1 km et tournez à droite dans la route du Marais qui vous ramène, après 1,5 km, à La Fringale.

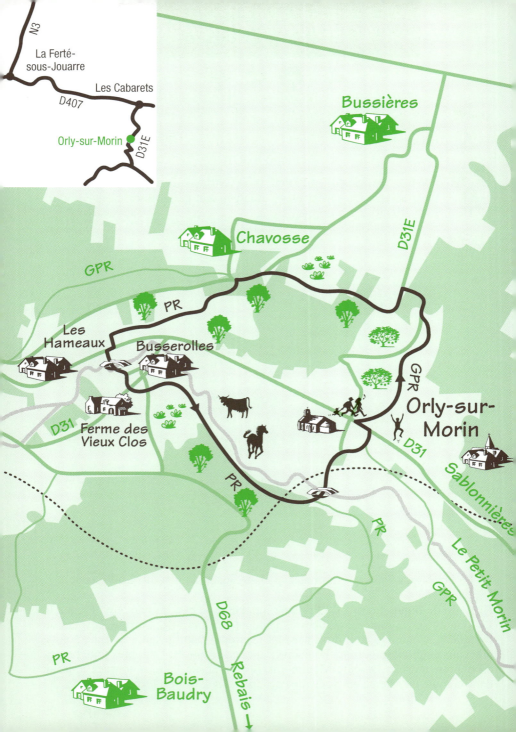

40 - Orly-sur-Morin : la vallée du Petit Morin

 Place de l'église d'Orly

 7 km 2h00

 GR de pays des Morins (jaune-rouge), PR 15 (jaune), non balisé

Bar-restaurant-traiteur et ferme des Vieux Clos pour acheter un délicieux foie gras.

 Le Petit Morin n'est jamais bien loin sur ce chemin. On le longe, on le traverse sur de jolis petits ponts de pierre. Ces deux heures de marche vous donneront un bon aperçu des charmes de la vallée et de ses villages.

De La Ferté-sous-Jouarre, empruntez la D 407 jusqu'aux Cabarets, puis prenez la D 31 E à droite jusqu'à Orly-sur-Morin. Garez-vous sur la place de l'église.

Empruntez la D 31, rue de l'Hêtre. Tout de suite après la boulangerie, le GR de pays des Morins (jaune-rouge) monte sur la gauche dans la rue des Picards. A la première intersection, tournez à gauche. Au bout du chemin, prenez la D 31 E à droite sur environ 300 m. Dans un virage, tournez à gauche dans un chemin où un panneau indique "Allée des Bois". Le chemin oblique bientôt à droite. Au bout de ce chemin, prenez à gauche la route de Bussières jusqu'au départ du sentier PR 15 (jaune) qui descend à gauche dans les sous-bois, juste avant la route de Chavosse. A la sortie du sous-bois, empruntez à gauche un chemin herbeux entre les maisons des Hameaux. Traversez la rue principale et suivez-la sur une trentaine de mètres à droite, puis prenez une sente à gauche pour franchir le pont sur le Petit Morin. Vous arrivez dans Busserolles et tournez à droite dans la rue des Vieux Clos. Les gourmets pourront s'arrêter à la ferme des Vieux Clos qui vend foie gras, magrets et confit. Traversez la D 31 et prenez en face la rue du Rond des Fées qui tourne à gauche pour traverser une petite route. Empruntez en face le chemin qui longe un bois sur la droite et des pâturages sur la gauche. Au bout du chemin, prenez la rue de la Montagne Blanche à gauche et quittez le PR pour continuer sur une petite route non balisée. A droite, vous pouvez voir l'ancienne gare d'Orly-sur-Morin et l'on devine sur la gauche l'ancienne voie de chemin de fer. Franchissez un pont de pierre sur le Petit Morin. A la bifurcation, prenez à droite et longez de très jolies maisons briardes. Au stop, empruntez la route sur la gauche pour revenir sur la place de l'église.

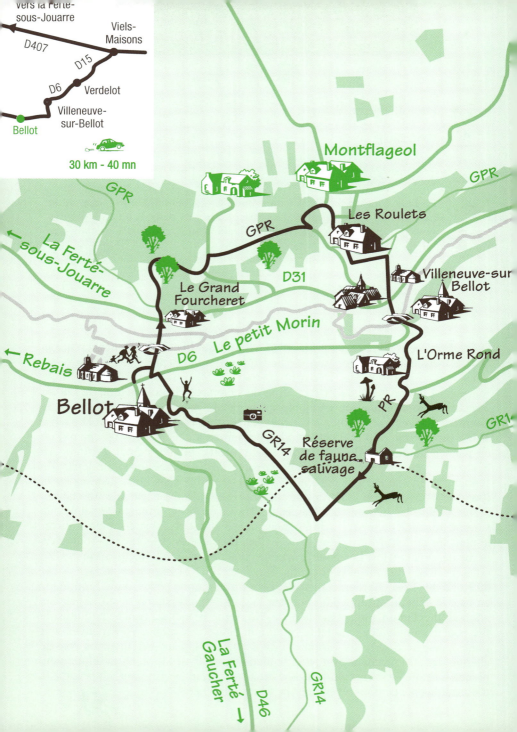

41 - Bellot :
le chemin des tocards

 Place de l'église de Bellot

 7 km 2h00

 GR 14 (blanc-rouge), PR (jaune), GR de pays des Morins (jaune-rouge), (PR jaune), non balisé, GR 14 (blanc-rouge)

Commerces, cafés, restaurant

 Cette balade vous fait découvrir la vallée du Petit Morin de tous côtés. Le paysage est superbe. Ça vaut bien l'effort d'une petite grimpette dans les bois. Au départ et à mi chemin, vous pourrez admirer les fresques naïves de l'église de Bellot (XIIIe siècle, remaniée du XVIe au XVIIIe) ainsi que l'église de Villeneuve-sur-Bellot (XIIe siècle).

De La Ferté-sous-Jouarre, empruntez la D 407 jusqu'à Viels Maisons, puis à droite la D 15 qui se prolonge par la D 6 jusqu'à Bellot. Garez-vous place de l'église.

Empruntez la rue du Pont-du-Ru à droite de l'église sur le GR 14 (blanc-rouge). A son extrémité, laissez le GR qui tourne à droite dans la rue du Fourcheret. Suivez le PR (jaune) à gauche et traversez le Petit Morin. Vous arrivez bientôt au Grand Fourcheret. Empruntez à gauche la D 31 sur une vingtaine de mètres, puis tournez à droite dans la rue des Sablons où vous rejoignez le GR de pays des Morins (jaune-rouge). Poursuivez tout droit dans le chemin qui prolonge la rue des Sablons et gravit la colline. Tournez à droite et rejoignez une route que vous empruntez à gauche sur une centaine de mètres. Prenez le premier chemin à droite aboutissant à la route de Monflageol. Remontez cette route sur 200 m et prenez, à droite, la route des Roulets. Dans le virage, descendez un sentier qui coupe un chemin et tournez à gauche en limite d'une propriété dans une sente dominant Villeneuve-sur-Bellot, jusqu'à une intersection. Laissez le GRP à gauche et prenez le PR (jaune) qui descend sur la droite en direction de Villeneuve-sur-Bellot jusqu'à la rue de Rocmont. Poursuivez par la rue de la Miche et traversez la rue principale de Villeneuve-sur-Bellot. Prenez en face la rue de l'Abreuvoir, puis tournez à droite vers la rue du Pont. Franchissez le Morin et empruntez en face la rue de l'Orme-Rond. Tournez à droite sur la route qui n'est plus balisée. Passez ensuite devant une ferme qui vend des pleurotes et continuez jusqu'au chemin de la Courteloire qui pénètre, à droite, dans les bois. Le chemin grimpe raide dans le sous-bois. Vous voilà dans une zone de protection de la nature et de réserve de la faune sauvage. Sur votre droite, vous pouvez voir des tocards, des arbres taillés en têtards, dont le tronc est coupé à environ 1,50 m du sol et qui servent à marquer la limite entre deux propriétés. Arrivé à une fourche, prenez le chemin de droite qui monte jusqu'à une petite ruine et rejoignez le GR 14 (blanc-rouge). Continuez tout droit, puis bifurquez à droite. Descendez tout droit : vous avez une belle vue sur la vallée du Petit Morin. Arrivé sur la D 6, empruntez-la à gauche. Tournez à droite dans la rue du Fourcheret, puis à gauche dans la rue du Pont-du-Ru jusqu'à la place de l'église de Bellot.

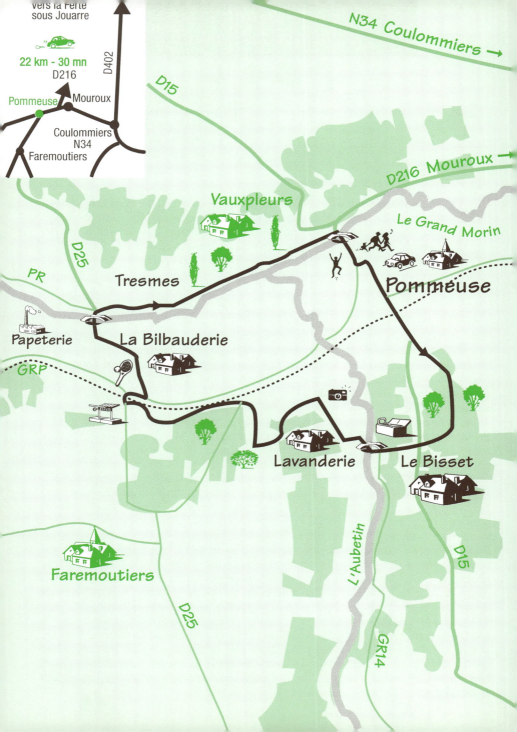

42 - Le Morin à Pommeuse

 Place de l'église de Pommeuse

🏃 7,5 km 2h10

 GR 14 (blanc-rouge),
GR de pays (jaune-rouge),
PR (jaune)

Café, restaurant

 Tout en montées et en descentes, cet itinéraire vous offre de beaux panoramas sur la vallée et ses villages.

De La Ferté-sous-Jouarre, empruntez la D 402 jusqu'à Coulommiers, puis prenez la N 34 à droite jusqu'à Mouroux. Après Mouroux, suivez la D 216 à gauche jusqu'à Pommeuse. Garez-vous devant l'église.

Prenez la rue Paul-Niclausse derrière l'église. A un croisement de routes, continuez sur la rue Paul-Niclausse, puis rejoignez une variante du GR 14 (blanc-rouge). Passez sous la voie de chemin de fer et dans un virage, empruntez la rue du Vieux-Saint-Augustin. Dans la montée, tournez à droite pour pénétrer dans un sous-bois. Au bout de ce chemin, bifurquez à droite dans un chemin en descente. Traversez la D 15 au lieu-dit "Le Bisset" et empruntez en face la rue du Pont. Un peu plus loin à droite se trouve un joli petit lavoir à ciel ouvert. Dépassez le lavoir et franchissez un pont gallo-romain sur l'Aubetin. Vous êtes sur le GR de pays des Morins (jaune-rouge). Après le pont de pierre, tournez à droite dans la rue Boularde, dans le hameau de la Lavanderie. Au carrefour, continuez tout droit. A la sortie du hameau, empruntez à droite la rue des Chanoines en balcon jusqu'à un chemin transversal, la rue de Beauvais, que vous empruntez à gauche. En vous retournant, vous avez une très belle vue sur la vallée et Mouroux. Prenez le premier chemin à gauche en montée et à la première intersection, tournez à droite. Vous atteignez rapidement un bois et empruntez le chemin qui descend en forte pente sur la droite. De là, vous apercevez le clocher de l'église et les maisons du village de Vauxpleurs. Au bout du chemin, traversez la D 216 et prenez, presque en face, le GRP. Après avoir quitté le bois et longé un pré, suivez un chemin qui descend à droite jusqu'à la voie de chemin de fer. Tournez à gauche le long de la voie ferrée. Vous arrivez à la gare de Farremoutiers-Pommeuse où l'itinéraire n'est plus balisé. Traversez la voie de chemin de fer et, tout de suite après, empruntez à droite la rue des Acacias. Après une centaine de mètres, prenez la rue de la Bionne à gauche, puis passez devant un terrain de tennis et tournez à gauche. Au bout du chemin, tournez à droite et traversez le Morin. Après le pont, tournez à droite sur la place Albert-Vion et retrouvez le PR (balisé jaune). Empruntez la première rue à droite, la rue des Ecluses. Continuez le chemin sur la gauche et sortez du bois pour longer le Morin. A l'extrémité de la rue des Nouettes, empruntez à droite la D 216 et retraversez le Morin en direction de Pommeuse. Vous retrouvez la rue Paul-Niclausse devant l'église.

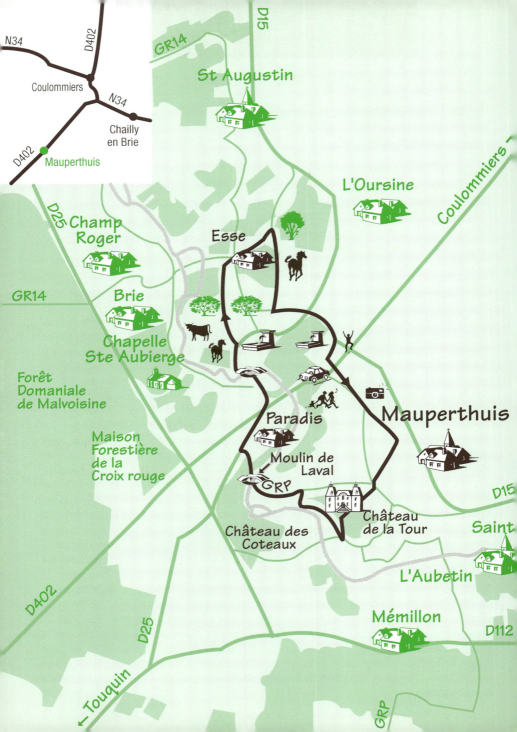

43 - Mauperthuis le pays de l'Aubetin

 Place de la Fontaine à Mauperthuis

 Non balisé, GR de pays (jaune-rouge), non balisé

 7,5 km 2h10

 Commerces, cafés, restaurant

 Cette balade vous emmène au pays de l'Aubetin. Tout en méandres, le chemin serpente entre prés et bois, traverse le village de Mauperthuis où vous découvrirez un joli patrimoine : la fontaine Brongniart, les ruines du château et, un peu plus loin, la chapelle de Sainte-Aubierge (XVIIIe siècle), édifiée près d'une source.

De La Ferté-sous-Jouarre, empruntez la D 402. Traversez Coulommiers et continuez sur la D 402 jusqu'à Mauperthuis. Garez-vous place de la Fontaine.

Traversez la D 402 **(attention à la circulation)** pour prendre la rue de la Tour en face. Au premier carrefour, obliquez à gauche dans la rue du Clos de la Garenne. Au bout de la rue, tournez à droite dans l'allée des Pommiers d'où vous avez une belle vue sur la forêt de Malvoisine. Rejoignez la rue de la Tour et prenez aussitôt de l'autre côté une sente qui longe le parc du château de la Tour à gauche. Vous débouchez dans le vallon de l'Aubetin sur un GR de pays (jaune-rouge). Prenez tout de suite à droite à angle aigu pour rejoindre la rive de l'Aubetin, jusqu'à la rue de Laval. Tournez à gauche dans cette rue. Vous arrivez devant l'ancien moulin de Laval dont la roue et les écluses sont remarquablement conservées. Franchissez l'Aubetin sur un ancien gué pour remonter jusqu'au hameau de Paradis et ses belles demeures. Tournez à droite et rejoignez la D 402 que vous empruntez à droite en direction de Mauperthuis. Au bout de 100 m, traversez la route **(attention à la circulation)** et prenez celle qui mène, à gauche, à Sainte-Aubierge. 800 m à gauche, se trouve la chapelle Sainte-Aubierge qui vaut le détour. A la première fourche, prenez la rue de Saussoy à droite. Passez sur l'Aubetin et tournez à droite dans un chemin en montée. A hauteur d'un abreuvoir, bifurquez à gauche sur un chemin en balcon qui domine le vallon de l'Aubetin. Une ambiance très champêtre vous attend au milieu des vergers et des prés où paissent vaches, chevaux et poneys. Vous atteignez le hameau de Esse. A hauteur de la route, tournez d'abord à gauche puis quittez le GR et prenez aussitôt à droite la rue de Esse, non balisée. A la sortie du hameau, prenez le chemin de droite, les Brûlés. Délaissez le premier chemin à gauche et rejoignez une route que vous remontez sur la gauche. Au carrefour, tournez à droite sur la D 15 pour entrer dans Mauperthuis. Passez devant la mairie et empruntez la rue Bricot à droite où vous verrez des maisons typiquement briardes ainsi que le portail et le pigeonnier de l'ancien château. A l'extrémité de la rue, retrouvez la place de la Fontaine. La fontaine en forme de vasque est l'œuvre de l'architecte Brongniart à qui l'on doit la Bourse de Paris.

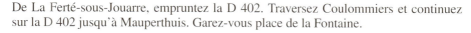

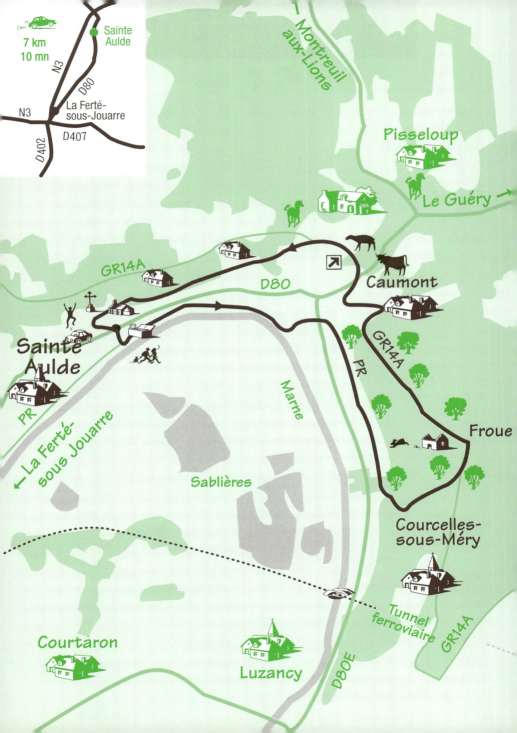

44 - La Marne à Sainte-Aulde

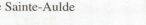

Eglise de Sainte-Aulde

8 km 2h15

non balisé, PR 10 (jaune),
GR 14 A (blanc-rouge),
non balisé

Attention, chemin impraticable en période de crue de la Marne.

Une superbe balade qui emprunte le chemin de halage le long de la Marne et un sentier balcon embrassant la vallée d'un côté et surplombant les coteaux de l'autre. Le parcours passe dans le village qui doit son nom à sainte Aulde. La légende raconte que la sainte marcha sur les eaux de la Marne pour assister à la messe dans une église située sur l'autre rive. A propos d'église, celle de Sainte-Aulde (XIIe siècle) est à voir.

De La Ferté-sous-Jouarre, empruntez la D 80 jusqu'à Sainte-Aulde. Garez-vous devant l'église.

Descendez la route sur la gauche en direction de la mairie-école. Tout de suite après un joli lavoir à ciel ouvert sur la gauche, prenez une petite sente à droite jusqu'au chemin de halage. Tournez à gauche sur le PR 10 (jaune) et au premier croisement, tournez à droite. De là, vous voyez le village de Caumont. Franchissez un petit pont métallique bleu et tournez immédiatement à gauche. Traversez la D 80 et prenez une petite sente qui grimpe en direction du village de Caumont. La montée est un peu raide, mais offre une superbe vue sur Sainte-Aulde et l'étang des Sablières. Suivez le PR à droite de la sente. Arrivé au hameau de Courcelles-sous-Méry, continuez à gauche. Le sentier grimpe dans la montagne de Caumont. Vous rejoignez le GR 14 A (blanc-rouge) et passez devant la ruine de la cabane Frouet à droite. Au premier carrefour, tournez à gauche. A la sortie du petit bois, on se croirait au milieu des pâturages suisses. Continuez sur la droite puis, 300 m plus loin, sur la gauche dans un virage en épingle à cheveux. Au bout de ce sentier, traversez la D 80 dans le village de Caumont. Vous entamez alors un chemin en montée. Pratiquement arrivé en haut de la côte, quittez le GR et empruntez un chemin en balcon qui part tout de suite à gauche. A une intersection, prenez le chemin à droite, puis à gauche. Passez devant l'ancien hôtel de l'Hermitage et tout de suite après, montez à droite. A hauteur du calvaire, descendez une petite sente sur la gauche et tournez à gauche pour rejoindre l'église.

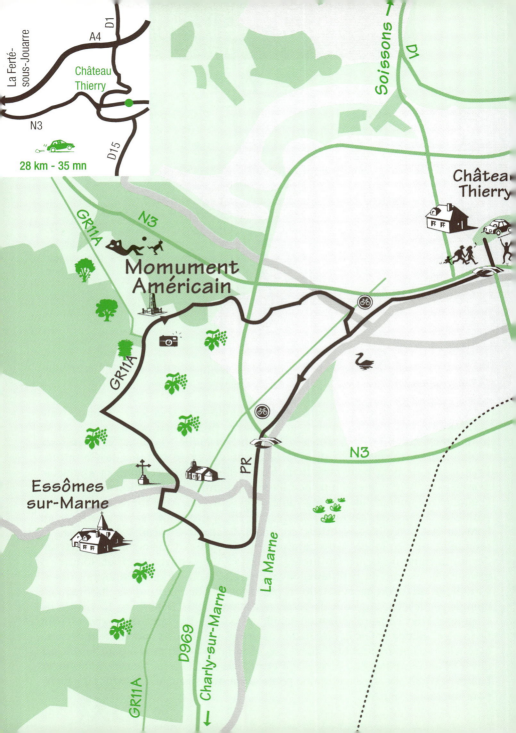

45 - *Le Monument américain de Château-Thierry*

 Place de l'hôtel de ville de Château-Thierry

 PR (jaune), GR 11 A (blanc-rouge)

 8 km 2h20

 Commerces, cafés, restaurants

 Les souvenirs historiques liés à la Première Guerre mondiale sont très présents à Château-Thierry. Le grandiose Monument américain qui couronne la colline à l'ouest de la ville en témoigne.

Prenez le train jusqu'à Château-Thierry ou, de La Ferté-sous-Jouarre, empruntez la N 3.

De la place de l'hôtel de ville, prenez l'avenue du Général-de-Gaulle où se dresse la tour Balhan (XIIIe siècle). Rejoignez les allées des bords de Marne vers la droite. Vous êtes sur un PR (jaune). Empruntez la piste cyclable, passez sous le pont de la voie express et continuez à longer la Marne sur environ 1 km avant de tourner à droite en direction d'Essômes-sur-Marne. Le chemin rejoint la D 969 que vous empruntez sur 200 m et passe devant l'abbatiale Saint-Ferréol (XIIIe siècle). Vous êtes sur le GR 11 A (blanc-rouge). Continuez dans la rue du Jeu d'Arc et tournez dans la première ruelle à droite qui mène à un ruisseau. Longez-le jusqu'à un pont de pierre et tournez à gauche. A un carrefour de chemins, empruntez celui de gauche en montée et prenez le premier sentier à droite où se trouve un calvaire, puis immédiatement à gauche. Une montée raide permet d'atteindre le bord du plateau dans les vignes. Partez à droite en bordure des vignes sur 800 m, puis dirigez-vous à gauche vers un petit bois. A l'orée du bois, tournez à droite jusqu'au Monument américain. De là, vous dominez toute la vallée. Laissez à gauche le GR pour prendre le diverticule à droite (blanc-rouge barré d'un trait blanc). Faites le tour des pelouses de l'esplanade puis, dans l'axe du Monument, prenez un étroit chemin creux qui rejoint les bords de Marne. Longez le fleuve à gauche jusqu'au pont et rejoignez la place de l'hôtel de ville.

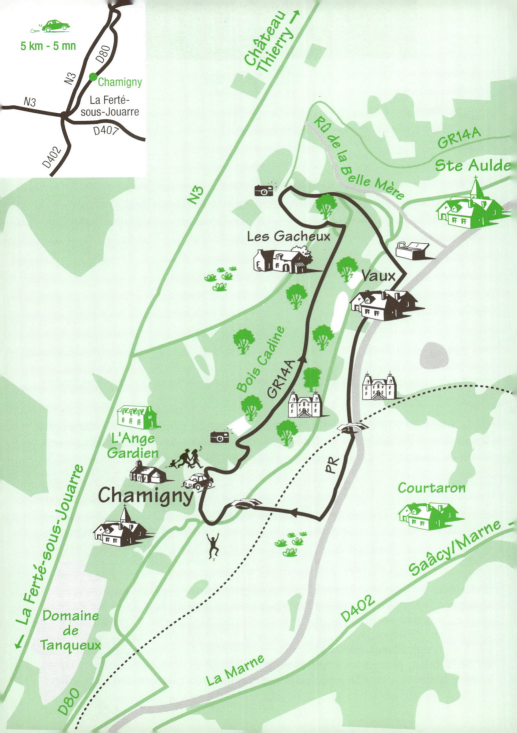

46 - La boucle de Chamigny

 Parking à droite de la mairie-école GR 14 A (blanc-rouge),
PR (jaune),
8 km 2h20 GR 14 A (blanc-rouge)

Attention les bords de Marne sont impraticables en période de crue.

 Une balade entre sous-bois, plaine et bord de Marne, au milieu des jardins et des vergers. Vous pourrez apercevoir le château privé de Saulsoy (XVIIIe siècle) et visiter l'église de Chamigny (XIIIe siècle). Elle possède une chapelle souterraine à trois nefs dédiée à Notre-Dame de la Cave.

De La Ferté-sous-Jouarre, empruntez la D 80 jusqu'à Chamigny. Laissez votre voiture au parking, à droite de la mairie-école.

Descendez la rue Léopold-Bellan jusqu'à la rue Roubineau que vous empruntez à gauche sur 80 m environ. Tournez à gauche avant le n° 57 en suivant les marques du GR 14 A (blanc-rouge). Prenez la sente sinueuse entre les jardins qui rejoint un chemin plus large que vous suivez sur la droite. Traversez deux rus, puis empruntez le chemin de droite qui redescend. Remontez ensuite à gauche jusqu'à un chemin encaissé. La vue sur Chamigny et la vallée de la Marne est superbe. Grimpez à gauche, puis tournez à droite sur un chemin en balcon qui pénètre dans le bois Cadine (attention passage très boueux). 2 km plus loin, vous arrivez à une route. Coupez un lacet de cette route sur la gauche puis remontez-la jusqu'à une belle bâtisse abandonnée, la ferme des Gacheux. Tournez à droite après la ferme et remontez jusqu'à un large chemin d'où vous avez un vaste panorama. Empruntez ce chemin à droite. 100 m plus loin, tournez à droite sur le PR (jaune) qui descend dans les bois. Vous parvenez à une petite route que vous empruntez quelques mètres sur la gauche. Dans le virage, descendez à droite par un chemin qui surplombe la route et le vallon du ru de Belle Mère jusqu'au hameau de Vaux. Traversez la rue de Vaux et continuez en face dans une petite rue qui descend vers la Marne. Profitez-en pour jeter un coup d'œil au lavoir restauré. Au bord de la Marne, prenez le chemin de halage sur la droite. Vous longez le parc du château de Saulsoy et passez sous le pont de chemin de fer (bel écho sous la voûte). 500 m plus loin, bifurquez à droite pour traverser la plaine, passez à nouveau sous la voie ferrée et remontez vers Chamigny. Traversez la rue de Vaux et prenez en face l'allée d'Ormoy qui fait un détour dans le village avant de retrouver la route. Empruntez la rue Roubineau à droite. Elle ramène au GR 14 et à la rue Léopold-Bellan à droite.

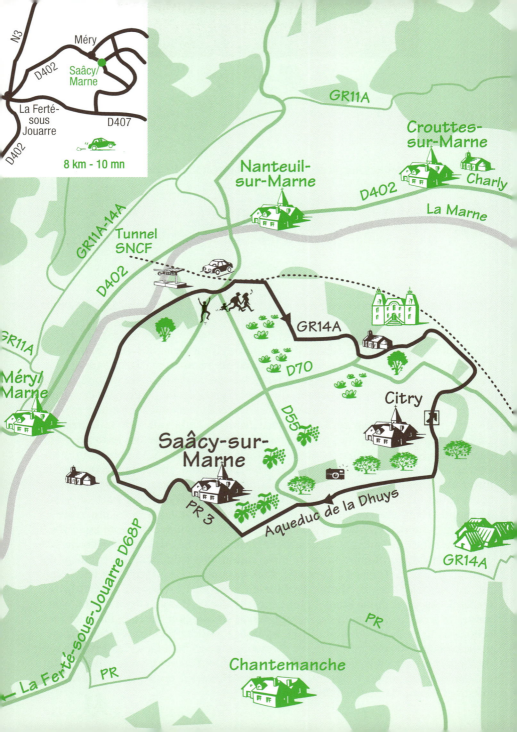

47 - Saâcy-sur-Marne entre vallée et aqueduc

 Gare de Nanteuil-Saâcy

 8,5 km 2h30

 GR 14 A (blanc-rouge), non balisé, PR (jaune), non balisé

Commerces, café, restaurants

 Deux belles églises à ne pas manquer sur ce parcours : à Saâcy l'église Saint-Jean-Baptiste (XIIe et XIIIe siècles) et à Citry l'église Saint-Ponce (XIIe siècle). Et bien sûr, l'aqueduc de la Dhuys d'où vous aurez de beaux panoramas sur la vallée de la Marne.

Prenez le train jusqu'à Nanteuil-Saâcy ou, de La Ferté-sous-Jouarre, empruntez la D 402. Au niveau de Méry-sur-Marne, prenez une petite route à droite en direction de Saâcy.

En sortant de la gare, prenez le GR 14 A (blanc-rouge) tout de suite à droite du passage à niveau. Longez la voie de chemin de fer et tournez à droite après un pavillon. Après 400 m, tournez à gauche dans un chemin en bordure des vignes qui mène au parc du château de Citry. Prenez à droite le chemin qui longe le mur du parc. Juste avant la D 70, tournez à gauche le long des pavillons, puis de nouveau à gauche pour retrouver le mur du parc. Descendez derrière l'église de Citry jusqu'à la place. Empruntez la rue de la Ferme devant la mairie-école et continuez tout droit. Avant le pont sous le chemin de fer, tournez à droite le long d'un talus jusqu'à un chemin menant à Citry. Traversez la route de Pavant (D 70) puis une petite place pour prendre, en face, la rue Michaud. Elle se prolonge par un chemin qui grimpe au milieu des vergers. A mi-pente, empruntez l'aqueduc de la Dhuys à droite, balcon incontournable de la vallée de la Marne. Vous quittez le GR et le chemin n'est plus balisé. Coupez la D 55 et continuez le long des vignes jusqu'à une intersection avec le PR (jaune). Quittez l'aqueduc et empruntez le PR qui descend à droite en direction de Saâcy. Prenez à gauche un chemin sur 250 m avant de longer le ru Philippe à droite. Vous débouchez dans la rue de la Couture, puis traversez la place de Saâcy. Prenez la rue du Pont et, au bout de 500 m, tournez à droite sur le chemin des Popelains, non balisé, qui vous ramène à la gare de Nanteuil-Saâcy.

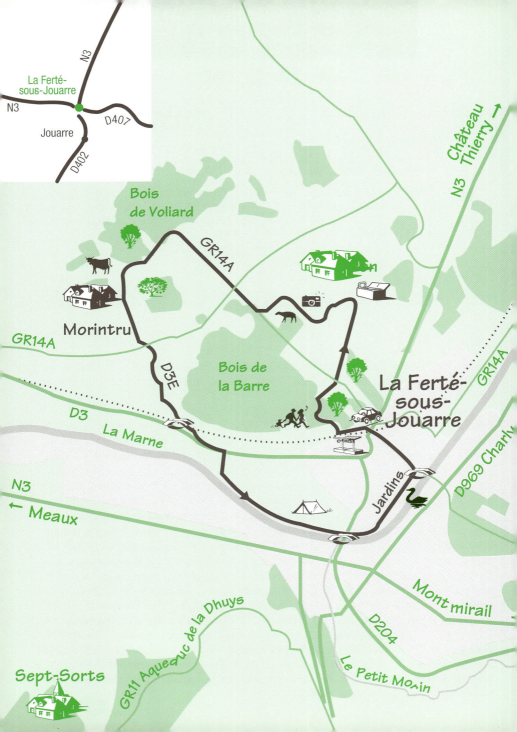

48 - La Ferté-sous-Jouarre entre Brie et Orxois

 Gare de La Ferté

 GR 14 A (blanc-rouge), non balisé

 8,5 km 2h30

Commerces, cafés, restaurants

 Au cours de cette balade, vous découvrirez les contrastes saisissants entre les paysages typiques de l'Orxois avec ses collines ondoyantes, ses cultures, ses pâturages et la vallée de la Marne.

De la gare, montez par la N 3 pour franchir le pont sur la voie ferrée. Tournez à gauche et suivez le GR 14 A (blanc-rouge) en prenant la route de Morintru par la rue Duburcq-Clément qui longe la voie ferrée. Après 200 m, gravissez la ruelle Aux-Loups qui s'élève vers le bois de la Barre. Tournez ensuite à droite sur un bon chemin et rejoignez la rue de Lizy que vous traversez pour monter à droite dans la rue du Limon. Lorsqu'elle s'incurve sur la gauche, poursuivez en face dans le chemin de Mantel. A une intersection de chemins, prenez à gauche vers les maisons du Limon. Le GR ne pénètre pas dans le hameau mais suit à gauche un chemin qui se dirige vers un lavoir et contourne une propriété. Vous avez une belle vue sur les vallées de la Marne et du Petit Morin et sur la ville de Jouarre. Descendez à gauche par la rue Léon-Glaize pendant quelques mètres et tournez à droite dans la rue de Rosebois. 100 m plus loin, engagez-vous à droite sur un chemin entre les maisons. Au bout du chemin, tournez à gauche entre des pâtures et rejoignez la petite route de Lizy que vous remontez sur la droite. Coupez la route de Morintru et poursuivez toujours tout droit par le chemin qui descend vers le bois de Voliard. Le vallon du ru de Courtablond vous offre un paysage typique de l'Orxois. Le GR 14 A ne pénètre pas dans le bois, mais tourne à gauche en lisière, dans un chemin longeant des pâtures et des vergers. A son extrémité, tournez à droite puis à gauche et poursuivez tout droit vers Morintru-d'en-Haut. Quittez le GR 14 A à l'entrée du hameau. Le chemin n'est plus balisé jusqu'à La Ferté-sous-Jouarre. Empruntez la D 3 E sur la gauche pendant quelques mètres et tournez à droite dans la rue de Morintru-du-Bas. Prenez ensuite la rue Blanche qui descend abruptement vers la voie de chemin de fer que vous longez pendant une cinquantaine de mètres. Franchissez la passerelle sur votre droite, puis prenez la petite route goudronnée sur la gauche. Vous déboucherez sur la D 3 que vous suivez à gauche sur 100 m. Tournez à droite au niveau des anciens abattoirs et empruntez le chemin de halage tout de suite à gauche. Suivez le chemin de halage jusqu'à La Ferté. Passez devant un terrain de camping, puis sous un pont pour pénétrer dans un jardin paysager en bord de Marne. Au niveau du deuxième pont, tournez à gauche dans la rue semi piétonne jusqu'à la gare. Ce retour vous permet de passer dans le centre de La Ferté et de voir sur la place, d'un côté l'hôtel de ville, de l'autre l'église Saint-Etienne - Saint-Denis.

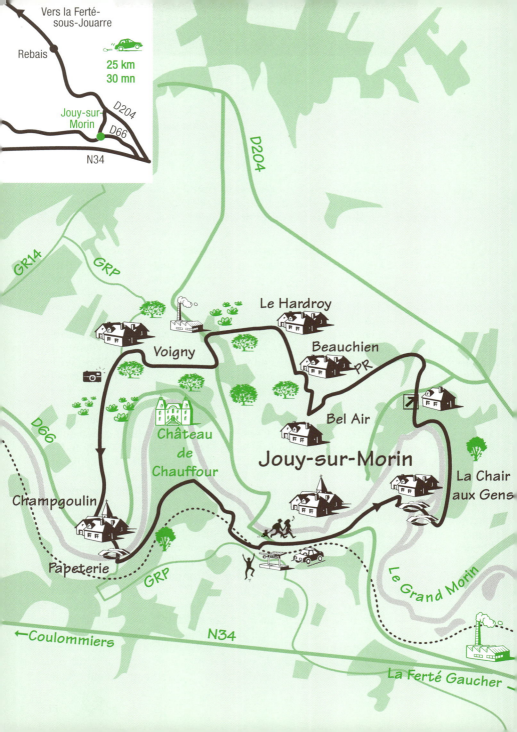

49 - Autour de Jouy-sur-Morin

 Gare de Jouy

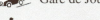 9 km 2h40

 PR (jaune), GR de pays des Morins (jaune-rouge)

Commerces, café-brasserie

 Ce parcours vous conduit à travers bois, pâturages, champs et vergers et vous offre des vues exceptionnelles sur la vallée, ses villes et ses villages. Vous y découvrirez les papeteries de la vallée du Grand Morin, dont certaines sont encore en activité.

De La Ferté-sous-Jouarre, empruntez la D 204. A 5,5 km de Rebais, toujours sur la D 204, prenez à droite la route qui mène à Le Hardroy, puis au Beauchien et débouche sur Jouy-sur-Morin. Laissez votre voiture sur le parking de la gare.

Descendez en face dans une sente jusqu'à la D 66, sur le PR (jaune). Suivez la route à droite sur 200 m puis, avant le virage, prenez en oblique sur la gauche la rue des Prés-du-Roi. Rejoignez la petite place de la Chair-aux-Gens et tournez à droite dans la route de Montigny qui traverse deux bras du Grand Morin. Prenez le premier chemin à gauche, rue de la Manchotte. Au bout de 30 m, empruntez un chemin sur la gauche, parallèle au Grand Morin, qui pénètre dans un bois. A hauteur d'une maison surmontée d'une tourelle, tournez à droite dans un chemin qui grimpe raide. En haut de la côte, traversez un premier chemin et prenez le suivant à gauche en direction du hameau de Beauchien, jusqu'à une route qui descend sur la gauche. Au lieu-dit "Bel Air", remontez sur votre droite à angle aigu la rue du Gué-Saint-Pierre et prenez le sentier qui part à gauche le long de vergers. Empruntez une route à gauche, puis tournez à droite pour rejoindre Le Hardroy. A l'entrée du hameau, bifurquez à gauche dans un chemin herbeux le long d'un verger. Descendez une route sur la gauche, laissez la route du Prest et prenez le chemin des Clos à droite, à hauteur d'une usine où vous pouvez profiter d'une belle vue sur la vallée. Le chemin passe en contrebas de Voigny, rejoint la rue de Voigny à gauche et le GR de pays des Morins (jaune-rouge). Descendez la route à gauche entre deux boucles du Morin. Vous apercevez en face les villages de Saint-Rémy et Saint-Siméon, au loin à droite la ville de Coulommiers, à gauche La Ferté Gaucher, la flèche de l'église de Jouy et, dans les bois, le château de Chauffour. Arrivé à Champgoulin, suivez à gauche la D 66 sur 300 m et prenez à droite la rue de la Papeterie. Après avoir franchi le Grand Morin, tournez à gauche, en face d'une papeterie toujours en activité. Le parcours est commun avec un PR local (jaune). Vous êtes sur une ancienne voie ferrée. Tournez à droite devant l'entrée du château de Chauffour pour rejoindre la rue du Faubourg. Au niveau des premières maisons de Jouy, prenez un chemin à droite qui permet de passer sous la voie ferrée. Tournez tout de suite à gauche et retrouvez le GR de pays des Morins (jaune-rouge). Traversez la voie ferrée et, au croisement, empruntez la rue à gauche pour rejoindre la gare de Jouy.

50 - La boucle de Boissy-le-Châtel

 Parking de la gare de Chailly-Boissy

 9 km 2h40

 PR (jaune), GR 14 (blanc-rouge), non balisé, GR de pays des Morins (jaune-rouge), PR (jaune)

Café-restaurant à la gare de Chailly-Boissy et à Boissy-le-Châtel

 Un parcours nature, tout en montées et descentes. Et de superbes vues sur la vallée du Grand Morin, Coulommiers et Boissy-le-Châtel.

De La Ferté-sous-Jouarre, empruntez la D 402 jusqu'à Coulommiers, puis prenez la D 222 à gauche jusqu'à Boissy-le-Châtel. Garez-vous au parking de la gare de Chailly-Boissy, au hameau de la Bretonnière.

Prenez le PR des Morins (jaune) à gauche. Traversez la voie ferrée et tournez aussitôt à gauche. Au niveau de la dernière maison, empruntez le chemin à droite qui s'élève jusqu'aux Champtretots. A l'entrée du hameau, bifurquez à droite, traversez une petite route et 250 m plus loin, entre vergers et prairies, rejoignez le GR 14 (blanc-rouge). Le vaste panorama sur la vallée du Grand Morin et Coulommiers vous récompense de vos efforts. Le sentier s'infléchit à gauche, puis à droite. Laissez le chemin qui longe le bois de la Bretonnière, puis quittez le GR 14 pour vous engager sur le sentier suivant à droite, non balisé. Amorcez la descente qui mène au hameau du Martroy. Vous découvrez alors Boissy-le-Châtel et son vieux bourg. Sur la place principale du hameau, tournez à gauche et tout de suite à droite dans une sente qui descend à travers maisons et jardins jusqu'à la voie ferrée. Longez la voie sur la gauche jusqu'à la D 37 **(attention à la circulation).** Empruntez la départementale à droite, franchissez le passage à niveau, le Grand Morin et remarquez une des nombreuses papeteries de la vallée sur la gauche. Au stop, prenez la D 66 sur la droite. 50 m plus loin, tournez à gauche dans la rue de la Vacherie qui rejoint le centre de Boissy-le-Châtel et le GR de pays des Morins (jaune-rouge). Passez devant l'église, traversez la place de la mairie et prenez la rue des Carrières sur la droite. La rue se prolonge sur un sentier herbeux et coupe une petite route. A l'intersection suivante, laissez le GRP pour emprunter le PR (jaune) en descente sur la droite. Il rejoint la route du lieu-dit "Le Chemin" que vous empruntez à droite sur 200 m environ. A la sortie du hameau, engagez-vous dans le sentier à gauche, puis à droite le long de serres, au bout desquelles vous tournez à gauche. Débouchez dans la rue de La Ferté-Gaucher, traversez-la pour rejoindre la gare de Chailly-Boissy.

51 - Les sentes de Château-Thierry

 Place de l'hôtel de ville de Château-Thierry

 non balisé, PR (jaune), GR 11 A (blanc-rouge)

 9 km 2h40

Commerces, cafés, restaurants

 Une balade urbaine à travers les petites sentes de Château-Thierry pour visiter la maison natale de l'illustre fabuliste Jean de La Fontaine, transformée en musée, flâner dans le parc de l'ancien château fort et déguster une coupe de Champagne dans les caves médiévales. Cette boucle est aussi une balade champêtre qui vous fera découvrir les paysages de la vallée de la Marne.

Prenez le train jusqu'à Château-Thierry ou, de La Ferté-sous-Jouarre, empruntez la N 3.

De la place de l'hôtel de ville, montez les escaliers du Vieux Château à gauche pour rejoindre le chemin de Ronde. Partez sur la gauche jusqu'à la place Jean-Macé près de la maison Jean de La Fontaine où vécut le célèbre fabuliste. Traversez la rue de Fère et continuez dans la rue des Fusillers. Vous êtes sur un PR (jaune). Empruntez les sentes qui traversent la rue Léon-Lhermitte, l'avenue de Soissons, la rue Buisson et l'avenue des Blanchards. Prenez en face un chemin en balcon dans un sous-bois au-dessus des quartiers du Buisson et de Vincelles. A la sortie du bois, tournez à gauche, puis à droite en restant sur le PR. Un virage en épingle à cheveux sur la gauche permet de descendre jusqu'à la route que vous empruntez à droite sur environ 200 m. Tournez à gauche dans un chemin herbeux qui longe un pré, puis pénètre dans les sous-bois. Hors circuit, sur votre gauche à la sortie du bois, faites une petite halte dans les caves médiévales de Champagne. Tournez à droite, franchissez le pont du ru de Bascon et suivez la route qui rejoint un carrefour. Traversez l'avenue de Paris aux feux et prenez la rue de Courteau qui rejoint le diverticule du GR 11 A (blanc-rouge barré d'un trait blanc). Descendez jusqu'aux bords de Marne. Longez la Marne à gauche jusqu'au pont, puis revenez sur la place de l'hôtel de ville par l'avenue du Général-de-Gaulle.

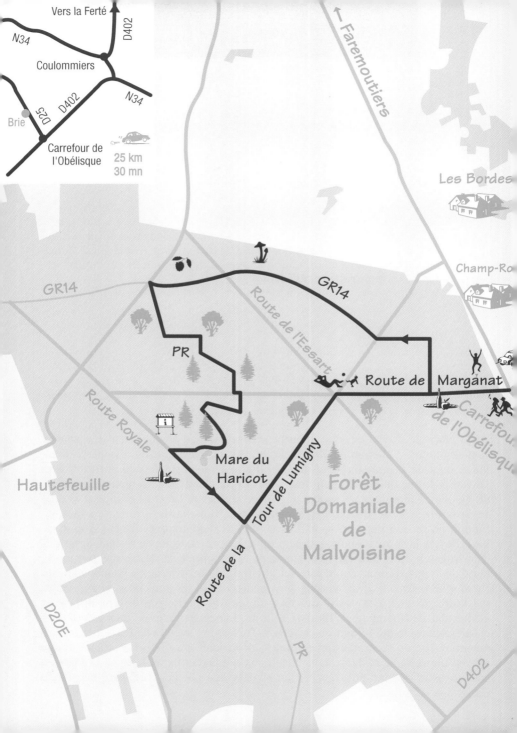

52 - La forêt de Malvoisine

 Parking de la forêt de Malvoisine blanc-rouge (GR), jaune (PR) et non balisé

 9 km 2h40

 Cette forêt tapissée de fougères est très agréable du printemps à l'automne. La balade emprunte des petites sentes sous les frondaisons qui rompent avec la monotonie de quelques grandes allées.

 D'octobre à février, la chasse est autorisée le samedi.

De La Ferté-sous-Jouarre, empruntez la D 402 en direction de Coulommiers. Après Coulommiers, continuez sur la D 402 jusqu'à Mauperthuis puis, au carrefour de l'Obélisque, prenez à droite la D 25 jusqu'à Brie. Garez-vous sur le parking de la forêt de Malvoisine, à 1 km du carrefour de l'Obélisque.

Démarrez la balade sur la route forestière de Marganat. Vous êtes sur le GR 14 (blanc-rouge). Tournez dans la première sente à droite, puis à gauche 300 m plus loin. A un croisement de chemins, suivez à droite la route de Lumigny sur 40 m et bifurquez à gauche. A la première intersection, prenez un petit chemin très agréable. Sans changer de direction, traversez une clairière, passez sur un ru, croisez la belle allée de l'Essart et continuez jusqu'à un carrefour où vous quittez le GR 14 pour vous engager à gauche sur un PR (jaune). A l'extrémité du chemin, tournez à gauche et, au bout de 200 m, prenez le premier sentier à droite. Vous arrivez devant une fourche de chemins et empruntez celui de gauche, étroit et sinueux qui traverse plusieurs fossés sur des rondins de bois. A la première intersection, prenez le chemin de droite qui atteint la route forestière de Marganat. Suivez cette allée à gauche sur 30 m et prenez le premier chemin à droite. 100 m plus loin, tournez à droite dans une sente peu visible au départ qui s'enfonce dans les sapins. Franchissez à nouveau une passerelle de rondins de bois sur un ru, puis continuez sur le chemin qui serpente dans la sapinière. A son extrémité, bifurquez à gauche le long d'un fossé de drainage. Après 200 m, prenez le premier chemin à droite et virez de nouveau à droite au niveau de la mare du Haricot. Suivez bien le balisage jusqu'au carrefour des Mares Jumelles où se trouve une aire de pique-nique et le départ du circuit des Mares. Prenez à gauche l'allée Royale. Au carrefour de Beaulieu, quittez le PR et tournez à gauche dans la route la Tour de Lumigny que vous empruntez sur 1,5 km. Arrivé aux Trois Carrefours où ont été installés un kiosque et des bancs, prenez un repos bien mérité avant de suivre la deuxième allée à droite, celle de Marganat qui vous ramène au parking.

Une sélection dans la sélection :
les 10 plus belles balades de l'auteur

	page
9 - Les guinguettes de Nogent-sur-Marne à Joinville	33
10 - Le domaine des Marmousets	35
11 - Le château de Ferrières	37
12 - Le parc de Noisiel	39
25 - Crécy-la-Chapelle : la Venise de la Brie	69
28 - La forêt de Montceaux	75
44 - La Marne à Sainte-Aulde	109
30 - Sur la trace des écrivains de Saint-Cyr-sur-Morin	81
33 - Bonneil en Champagne	87
14 - Les bords de Marne à Lagny	45

Classement

A partir de Vincennes	Temps total de marche	Temps total sortie complète	Page
1 - Autour du lac Daumesnil.	0h35	0h55	17
3 - Le parc du Tremblay	0h50	1h20	21
4 - Le parc du Morbras	0h50	1h30	23
5 - La forêt du Plessis Saint-Antoine	0h50	1h30	25
6 - Le bois de Vincennes : le poumon vert de Paris	1h30	1h30	27
2 - Le bois de Vaires	0h40	2h10	19
7 - De Champigny à La Varenne	1h40	2h10	29
9 - Les guinguettes de Nogent-sur-Marne à Joinville	2h20	2h40	33
8 - La forêt Notre-Dame par les Friches	2h00	2h50	31
10 - Le domaine des Marmousets	2h40	3h20	35

	Temps total de marche	Temps total sortie complète	Page
A partir de Marne-la-Vallée			
11 - Le château de Ferrières	0h50	1h30	39
12 - Le parc de Noisiel	1h10	1h30	41
13 - La boucle de Noisiel	1h45	2h15	43
14 - Les bords de Marne à Lagny	2h00	2h40	45
16 - Le chêne Saint-Jean de la forêt de Ferrières	2h20	3h00	49
15 - Le pays briard à Morcerf	2h10	3h30	47
17 - La Sablonnière de la forêt de Ferrières	2h40	3h30	51
18 - La forêt d'Armainvilliers	2h40	3h30	53
19 - La forêt de Crécy	3h00	4h20	55
A partir de Meaux			
20 - Sur le plateau briard à Montceaux-les-Meaux	1h10	1h40	59
22 - La Dhuys à Nanteuil-les-Meaux	1h30	1h40	63
24 - Meaux : entre ville et canal de l'Ourcq	1h45	1h45	67
21 - Les canaux d'Esbly	1h20	1h50	61
23 - Le Grand Morin à Couilly Pont-aux-Dames	1h40	2h30	65
27 - Le canal de l'Ourcq à Varreddes	2h40	3h00	73
26 - Fublaines et l'aqueduc de la Dhuys	2h40	3h10	71
25 - Crécy-la-Chapelle : la Venise de la Brie	2h40	3h20	69
28 - La forêt de Montceaux	3h00	3h20	75
A partir de La Ferté-sous-Jouarre			
30 - Sur la trace des écrivains de Saint-Cyr-sur-Morin	1h10	1h30	81
37 - Sablonnières : entre pâturages et vergers	1h45	1h35	95
31 - L'Albine à Montreuil-aux-Lions	1h20	1h50	83
32 - La vallée de la Marne vue de Crouttes	1h20	1h50	85
36 - L'abbaye de Jouarre	1h45	1h55	93
39 - La forêt de Choqueuse	1h50	2h10	99
29 - Chézy entre Marne et Dolloir	1h00	2h20	79
34 - Coulommiers et le parc des Capucins	1h40	2h30	89
46 - La boucle de Chamigny	2h20	2h30	113
48 - La Ferté-sous-Jouarre entre Brie et Orxois	2h30	2h30	117
44 - La Marne à Sainte-Aulde	2h15	2h35	109
33 - Bonneil en Champagne	1h30	2h40	87
35 - Les jardins fleuris de Viels Maisons	1h40	2h40	91
40 - Orly-sur-Morin : la vallée du Petit Morin	2h00	2h40	101
47 - Saâcy-sur-Marne entre vallée et aqueduc	2h30	2h50	115
38 - Les vergers de pommes de Villeneuve-sur-Bellot	1h50	3h00	97
42 - Le Morin à Pommeuse	2h10	3h10	105
43 - Mauperthuis le pays de l'Aubetin	2h10	3h10	107
41 - Bellot : le chemin des tocards	2h00	3h20	103
45 - Le Monument américain de Château-Thierry	2h20	3h30	111
49 - Autour de Jouy-sur-Morin	2h40	3h40	119
50 - La boucle de Boissy-le-Châtel	2h40	3h40	121
52 - La forêt de Malvoisine	2h40	3h40	125
51 - Les sentes de Château-Thierry	2h40	3h50	123

Dans la même collection petites traces vertes

52 balades en famille :
Aix-en-Provence ; Annecy ; Avignon ; Cannes - Grasse - Antibes - Fréjus ;
Chambéry - Aix-les-Bains ; Gap ; Genève ; Grenoble ; Lyon ; Marseille ;
Montpellier ; Nîmes ; Pays niçois ; Toulon - Hyères ; Valence
En Ile-de-France : Vincennes - Marne-la-vallée - Meaux - La Ferté-sous-Jouarre ;
Chantilly - Senlis - Compiègne ; Créteil - Sceaux ; Evry - Etampes ;
Nanterre - Saint-Germain-en-Laye - Mantes-la-Jolie - Versailles ;
St-Denis - Pontoise - Forêts de Montmorency et de l'Isle Adam - Parc du Vexin.

52 balades en famille à vélo :
Aix-en-Provence ; Chambéry - Aix-les-Bains ; Grenoble ; Lyon ; Nîmes

52 balades en famille dans la neige autour de Grenoble
52 balades en famille sur les balcons enneigés du Léman

30 balades en famille :
Abondance - Châtel - Morgins ; Aravis ; Ardèche méridionale ; Beaufortain ;
Bourg-Saint-Maurice ; Bourg-d'Oisans - l'Oisans aux 6 vallées ; Briançon ;
Chamonix ; Jura Sud ; Lac de Serre-Ponçon ; Maurienne ; Morzine - Les Gets ;
Moûtiers - Les Trois Vallées ; Saint-Gervais - Les Contamines ;
Samoëns - Sixt ; Tignes - Val d'Isère ; Val d'Arly ;
Val Vanoise (de Brides-les-Bains à Pralognan) ; Ventoux

30 traces gourmandes :
sur les sentiers dauphinois
sur les sentiers de Provence (autour d'Aix et Marseille)

52 balades en famille... *à paraître* :
Amiens et en Picardie ; Lille ; Nantes - Saint-Nazaire ; Saint-Etienne
En Ile-de-France : Melun - Fontainebleau - Nemours - Milly-la-Forêt ;
Versailles - Rambouillet - Montfort-L'Amaury - Chevreuse ;
Cergy-Pontoise - Vernon - Beauvais - Parc du Vexin

L'auteur

Frédérique Basset est journaliste. Passionnée de nature, elle parcourt les sentiers et chemins de France et du monde entier.